Inken Weiand

W0047295

# Die Rothmann-Kinder: Ich will ein Licht für andere sein

Vorlesegeschichten für jeden Adventstag

Bibliografische Information der Deutschen Nationalbibliothek
Die Deutsche Nationalbibliothek verzeichnet diese Publikation
in der Deutschen Nationalbibliografie; detaillierte bibliografische
Daten sind im Internet über http://www.dnb.de abrufbar.

ISBN 978-3-8429-2627-1

Bestell-Nr. 5.122.627
© 2015 mediaKern GmbH, 46485 Wesel
Umschlagbild: Getty Images / katkov
Umschlaggestaltung: Ch. Karádi
Layout und Satz: J. Deusch
Lektorat: Dr. Ulrich Parlow
Gesamtherstellung: Drukarnia Dimograf, Bielsko-Biała, Polen
Printed in the EU 2015

www.media-kern.de

# Inhalt

*(Eine volle Buchseite entspricht einer guten Minute Vorlesezeit. Die Vorlesedauer der meisten Geschichten beträgt zwischen drei und fünf Minuten.)*

# 29. November

»Da kommen ja unsere Landkinder!« Fröhlich begrüßt Frau Hauser vom Kindergottesdienst die Geschwister Pia, Clemens und Desirée.

Desirée lacht. »Landkinder! Das ist lustig!«

Tatsächlich fahren die Geschwister mit ihren Eltern über eine halbe Stunde mit dem Auto, um zur Kirche zu kommen. Vor einem knappen Jahr sind sie aufs Land gezogen, auf den Restbauernhof, auf dem ihre Mutter aufgewachsen ist. Ihrer Kirchengemeinde aber, der sind sie treu geblieben.

Der kleine Ben tappt durch den Flur des Gemeindehauses. »Komm, Ben, komm zu Pia!« Pia breitet die Arme ganz weit aus und da kommt der kleine Bruder strahlend herbeigelaufen.

Es ist der erste Advent, da steht im Flur des Gemeindehauses der große Adventskranz und die erste Kerze brennt.

Im Gottesdienstraum hat Frau Hauser die Rollläden heruntergelassen.

»Sind die Rollläden kaputt?«, erkundigt sich Arne. »Das war bei uns zu Hause so. Papa hat die Wand aufgemacht und die Rolle herausgenommen. Jetzt ist es wieder heil. Ich habe zugeguckt.«

»Nein, die sind nicht kaputt«, sagt Frau Hauser. »Ich will euch etwas zeigen.«

Der Kindergottesdienst beginnt. Pia hält den kleinen Ben auf dem Schoß, der begeistert auf die einzelne Kerze starrt, die mitten im Kreis auf dem Bodentuch steht.

»Könnt ihr mich sehen?«, fragt Frau Hauser in die Runde.

»Ja«, sagt Desirée. »Ich bin doch nicht blind!«

Die anderen lachen.

»Eine Kerze ist nur ein kleines Licht«, sagt Frau Hauser. »Wenn wir nachher die Deckenlampe einschalten und die Rollläden hochziehen, werdet ihr merken, wie wenig hell die Kerze ist. Aber sie bringt ganz viel Licht in die Welt. Es ist ein großer Unterschied, ob hier eine Kerze brennt oder ob es dunkel ist.«

Später überlegen die Kinder, wie sie selber ein Licht für andere Menschen sein können.

»Jemanden trösten«, meint Benno.

»Jemandem eine Freude machen«, schlägt Madeleine vor.

»Sein Zimmer aufräumen«, brummt Clemens. Da müssen die Kinder lachen. Zimmer aufräumen – das tun sie alle nicht so gerne.

»Wir wollen eine Verabredung treffen«, sagt Frau Hauser. »Jeder von uns versucht, in diesem Advent ein Licht zu sein für andere Menschen. Anschließend werden wir darüber sprechen, wie es uns damit gegangen ist. Was haltet ihr davon?«

Pia mag solche Verabredungen nicht. Sie macht ja wirklich gerne jemandem eine Freude. Aber so fühlt sie sich unter Druck gesetzt. Doch soll sie jetzt etwa sagen, dass sie kein Licht sein will?

»Wie ist es denn mit Ihnen?«, fragt Clemens Frau Hauser. »Machen Sie mit?«

Frau Hauser lacht. »Darüber habe ich noch gar nicht nachgedacht. Aber klar, natürlich mache ich mit.«

Nach dem Kindergottesdienst kann Clemens übrigens direkt damit anfangen, ein Licht zu sein. Er gießt seiner Mutter eine Tasse Kaffee ein. Die lacht. »Danke, mein Junge. Wie komme ich zu der Ehre?«

»Das ist keine Ehre, das ist Pflichterfüllung«, brummt Pia als Kommentar.

Nach dem Kirchenkaffee fahren alle nach Hause. Dort gibt es den leckeren Braten, den Tante Wilhelma während des Gottesdienstes zubereitet hat.

»Jetzt ist schon wieder Advent«, stellt Pia versonnen fest. »Jetzt wohnen wir schon ein Jahr hier.«

»Gut oder schlecht?«, fragt Onkel Theodor.

»Super! Am besten ist der Esel Bileam«, stellt Clemens fest.

»Nein, die Susi. Nur schade, dass ich zu groß für sie geworden bin«, meint Pia bedauernd. »Kannst du dir nicht noch ein größeres Pferd anschaffen, Onkel Theo?«

»Ich finde Susi genau richtig«, meint Desirée. Sie ist ja auch ein ganzes Stück kleiner als Pia. Für sie ist das Shetlandpony noch nicht zu klein.

Pia seufzt. Letztes Jahr ist sie auch noch viel auf Susi geritten. »Aber es ist trotzdem cool hier«, meint sie. »Ich mag Susi immer noch. Und Bernhard. Und Agathe.«

Agathe ist das Lama, das Onkel Theo vor Jahren einem Wanderzirkus abgekauft hat. Und Bernhard ist der gutmütige, alte Hofhund.

»Und den Kindergarten«, meint Desirée. »Und die Kinder hier im Dorf.«

Pia seufzt. Desirée hat schnell hier Anschluss gefunden. Da Pia und Clemens noch in der Stadt zur Schule gehen, ist es bei ihnen langsamer gegangen. Sie treffen die anderen Kinder eben höchstens nachmittags, wenn sie mit ihren Hausaufgaben fertig sind.

»Du hast doch Kevin«, tröstet Desirée die große Schwester.

»Dieser Kevin«, murmelt Pia. »Erst sagt er, ich soll zum Fußball kommen. Und dann lassen diese Jungs mich nicht mitspielen.«

»Ich glaube, er ist trotzdem nett.«

»Ja, glaube ich auch. Aber trotzdem …«

»Nun«, meint Tante Wilhelma. »Wie dem auch sei. Ich schlage vor, dass wir heute einen schönen, gemütlichen Adventsnachmittag feiern. Mit Musik – vielleicht könntet ihr auf euren Blockflöten spielen? – und Geschichten und Plätzchen. Was haltet ihr davon?«

Das finden alle toll, und so wird der Sonntagnachmittag noch richtig gemütlich.

# 30. November

Als Pia aus der Schule nach Hause kommt, ist Mama gerade sehr beschäftigt. Sie backt Waffeln für den Frauenkreis, der sich heute in der großen Küche trifft – und für die Kinder der ganzen Frauen, die normalerweise auch alle mitkommen.

»Oh, ich bin auch ein Kind einer Frauenkreisfrau«, sagt Pia und will schon einmal ein Waffelherz stibitzen.

»Du bekommst erst einmal deinen Reis«, sagt Mama und tischt Pia Reis mit Sojagemüse auf. »Nach den Hausaufgaben kannst du hier dazustoßen – wenn du dich beeilst, bist du schon lange fertig, bevor die Frauen kommen. Da hat Clemens es schwerer, der schließlich erst in einer Stunde kommt.«

Pia isst ihr Mittagessen, dann macht sie schnell ihre Hausaufgaben. Es hat ohnehin keinen Sinn zu meckern. Mama versteht keinen Spaß, was so etwas angeht.

Pia ist meistens ziemlich schnell mit ihren Hausaufgaben. Und als Clemens nach Hause kommt, ist sie schon fertig und tobt mit Desirée und deren Kindergartenfreunden durch das Haus.

»Was ist denn hier los?« Clemens ist müde nach dem langen Schultag.

»Wir sind eine Räuberbande. Wir überfallen alle Leute hier.«

»Bei mir gibt es nichts zu holen. Höchstens einen schlechten Englischtest.« Clemens verzieht sich in die Küche.

Pia ist mittlerweile Räuberhauptmann geworden und stürzt sich mit Geschrei die Treppe hinunter.

Da taucht unten Kevin mit seiner kleinen Schwester auf.

»Was macht ihr hier?«, fragt er neugierig. »Kann man mitspielen?«

»Na klar. Je mehr, desto besser.«

Erst als nach und nach die Frauen eintreffen und mit ihnen weitere Kinder kommen, fällt den anderen Kindern auf, dass Kevins Mutter ja gar nicht dabei ist.

»Was machst du denn hier?«, fragt ihn Pia grinsend. »Bist du Mitglied in der Frauengruppe?«

»Nee«, sagt Kevin seelenruhig. »Aber meine Schwester.« Dann sieht er sich interessiert um. »Gibt es Kuchen oder so etwas?«

Natürlich bekommen auch Kevin und Stina von den Waffeln ab, die Mama nun den Kindern hinstellt.

Die Mütter machen es sich in der Küche gemütlich. Clemens sitzt in seinem und Pias Zimmer und macht Schulaufgaben. Von draußen dringt ab und zu Bileams Rufen herein – und dann der Lärm der tobenden Kinder. Clemens hält sich die Ohren zu. Wie soll er dabei Vokabeln lernen?

Pia hat mittlerweile auch keine Lust mehr, mit den Kleinen zu spielen. Sie sind wild und albern, findet sie. »Ich gehe jetzt«, sagt sie bestimmt. »Ihr könnt einen anderen Räuberhauptmann wählen.«

»Was machst du?«, erkundigt sich Kevin.

»Ich gehe in den Stall«, brummt Pia. Sie liebt Tiere, und ganz besonders das Pony Susi hat es ihr angetan.

»Dann komme ich mit.« Kevin ist komisch. Er kann furchtbar wild sein – aber auf seine kleine Schwester passt er gut auf. Er ist manchmal richtig frech zu Pia – aber letztes Jahr hat er zweimal mit ihr Josef und Maria gespielt. Er tut immer so obercool – und dann plötzlich ist er ganz freundlich.

Pia mag ihn eigentlich gut leiden. Aber gerade jetzt wollte

sie allein sein. »Hast du deine Hausaufgaben denn schon fertig?«, fragt sie darum unwirsch.

Kevin zuckt nur mit den Schultern.

»Hast du sie jetzt fertig oder nicht?«

»Kann sie eh nicht.«

Pia sieht ihn erstaunt an. Wenn sie ihre Hausaufgaben nicht kann, dann fragt sie ihre Mutter, und die hilft ihr. Ganz abgesehen davon, dass sie bestimmt nicht hier spielen dürfte, bevor die Hausaufgaben fertig sind.

»Blödes Thema!«, erklärt Kevin nach kurzer Pause. »Was machen wir jetzt?«

Pia will die Sache nicht aus dem Kopf. »In welche Klasse gehst du denn?«

»Vierte.«

»Ich auch.« Komisch eigentlich, sie hätte Kevin älter als sie geschätzt. Eher vielleicht wie Clemens. Aber das ist ja jetzt egal. »Bring doch deine Hausis hier vorbei, dann machen wir sie zusammen«, schlägt sie vor.

Kevin verdreht die Augen. »Hausis sind voll nicht wichtig«, bemerkt er.

»Doch.«

»Du redest wie 'ne Lehrerin. Aber wenn du unbedingt willst, schleppe ich sie dir an. Nur beschwer dich nicht, wenn sie zu schwer sind.«

Kevin wartet noch einen Moment, aber weil Pia nichts mehr sagt, setzt er sich in Bewegung.

Nach weniger als zehn Minuten ist er wieder da und wirft Pia seinen schäbigen Schulrucksack vor die Füße. »Da haste.«

Pia versucht, sich die Verwunderung nicht anmerken zu lassen. »Na, dann pack mal deine Sachen aus.«

Kevin öffnet den Rucksack, und Pia wirft einen Blick hinein. Meine Güte, wie da alles durcheinander herumfliegt! Mama würde sehr, sehr ärgerlich werden, wenn es bei Pia oder Clemens so aussähe! Aber Mama tagt gerade mit den Frauen, also ist Pia auf sich allein gestellt.

Kevin kramt ein Arbeitsheft hervor mit Rechenaufgaben, blättert eine Weile darin herum und sucht stirnrunzelnd, bis er schließlich die richtige Seite gefunden hat. »Das hier«, sagt er und hält Pia das Heft hin.

Schriftliche Addition und Subtraktion. Das hat Pia in ihrer Schule schon vor längerer Zeit durchgenommen. Aber wie erklärt sie Kevin, wie das geht?

»Kannst du es selber nicht?«, fragt Kevin entmutigt. »Ich hab's gewusst. Es ist zu schwer.«

Pia schüttelt den Kopf. »Es ist nicht schwer. Ich überlege nur, wie ich es dir erklären kann.«

»Es reicht mir, wenn du mir die Ergebnisse diktierst«, bietet Kevin eifrig an.

»Nein, das tue ich bestimmt nicht.« Pia überlegt. »Die Addition, ich meine das Plus-Rechnen, das bekommen wir jedenfalls hin.« Und dann beginnt sie eine kleine Unterrichtsstunde. Im Stall. Auf einem Strohballen.

Als sie schließlich fertig sind, staunt Kevin nicht nur über Pia, sondern fast noch mehr über sich selbst: Hat er doch tatsächlich etwas verstanden und gelernt.

# 1. Dezember

Als Pia heute mit den Hausaufgaben fertig ist, sitzt Clemens immer noch an seinen. Seit er im sechsten Schuljahr ist, bekommt er deutlich mehr auf als früher.

Pia guckt ihm kurz über die Schulter, aber Clemens mag das gar nicht. »Lass mich in Ruhe«, knurrt er. »Ich muss mich konzentrieren.«

»Ist ja gut«, murmelt Pia und verzieht sich.

Die Mutter ist in der Küche, backt Zwiebelkuchen für heute Abend und beaufsichtigt dabei Desirée, die mit Wasserfarben kleine Gipsfiguren bemalt.

»Was wird das?«, fragt Pia interessiert.

»Das ist für den Kindergarten«, erklärt Desirée. »Das gibt eine neue Krippe.«

Dann ist Pia hier offensichtlich auch überflüssig. Sie sieht sich um. »Wo ist Ben?«

»Onkel Theo hat ihn mitgenommen. In den Baumarkt.«

»Aber was will der Kleine denn im Baumarkt?«

»Er fährt so gerne im Wagen mit.«

Pia nickt. Das weiß sie von ihrem Bruder. Sie seufzt.

»Was ist denn?«

»Mir ist langweilig. Es ist so blöd, dass ich zu groß für Susi geworden bin.«

»Das hilft nun nichts. Geh doch Spielen. Mit den Kindern im Dorf oder so.«

»Die Jungen spielen heute Fußball.«

»Frag sie, ob du mitspielen darfst.«

Hm. Eigentlich könnte man das wirklich ausprobieren, denkt sich Pia. Und so zieht sie sich ihren Trainingsanzug an und läuft zum Bolzplatz hinüber.

Dort sind die Jungs des Dorfes kräftig mit Trainieren beschäftigt. Mario, der große Bruder von Dennis, steht im Tor und einer nach dem anderen nimmt Anlauf und schießt.

Kevin ist natürlich auch dabei, das war Pia vorher schon klar. Obwohl er vermutlich seine Hausaufgaben schon wieder noch nicht gemacht hat.

Seine kleine Schwester Stina hockt mit ein paar anderen Kindern auf einem der Bäume am Bolzplatz und isst irgendetwas.

Zögernd tritt Pia näher. Was soll sie jetzt sagen?

»Hey, Pia!«, ruft Stina von oben herunter. »Willst du mit uns spielen?«

Pia schüttelt den Kopf.

»Was denn?«

»Ich will Fußball spielen!«

»Geht nicht! Die lassen keine Mädchen!«

So, wie Kevin jetzt gerade zu ihr herüberguckt, hat Pia allerdings auch den Verdacht. Und Dennis tut überhaupt so, als gebe es Pia überhaupt nicht.

Zögernd tritt Pia auf die Schlange der Jungen zu, die da auf ihren Schuss warten.

Einige Jungen starren sie böse an. Kevin sieht auf den Boden, als würde er sie gar nicht sehen.

»Hau ab!«, sagt der dicke Bernd laut. »Das hier ist Männersache!«

»Dann hau du doch ab!«, erklärt Pia pampig. »Du bist jedenfalls kein Mann.«

Sie sieht, wie Kevin leise grinst.

Etwas ermutigt fährt sie fort: »So, ihr seid alle noch keine Männer. Ihr seid Jungs. Warum darf ich dann nicht mitspielen? Ihr seid so unfair!«

Es war wohl ein Fehler zu sagen, dass die Jungen hier

noch keine Männer sind. Sie finden sich sehr männlich und groß, das sieht man deutlich.

»Ist doch nur Training«, murmelt Kevin schließlich. »Wir können es doch vielleicht … mal ausprobieren.«

»Ja genau!«, sagt Pia. »Wir können es doch mal ausprobieren!«

Mario sieht missbilligend auf die Reihe der Jungs, die sich zusehends auflöst. »So ist das«, erklärt er. »Kaum kommt ein Weib dazu, beginnen alle verrücktzuspielen.«

»Dafür kann ich doch nichts!«, beschwert sich Pia.

Mario grinst. »Nee. Kannst du nicht. Schieß mal!« Und er kickt Pia den Ball vor die Füße.

Und Pia nimmt ein paar Schritte Anlauf, täuscht die linke Ecke an und schießt den Ball mit Krawumm in die rechte obere Ecke.

»Nicht übel«, murmelt Mario.

Und danach darf Pia erst einmal mitmachen. »Aber nur heute. Und nur, weil nur Training ist.«

# 2. Dezember

So unfair es Clemens und Pia auch finden: Kinder, die noch nicht in die Schule gehen, haben einfach mehr Zeit. Desirée zum Beispiel wird mittags von der Mutter abgeholt vom Kindergarten. Dann isst sie erst einmal zu Mittag.

Manchmal ist sie danach so müde, dass sie einen Mittagsschlaf hält. Aber meistens ist sie quietschvergnügt und unbeschäftigt, wenn ihre älteren Geschwister nach Hause kommen.

Dann geht Desirée gerne draußen im Hof oder auf der Straße spielen. Glücklicherweise hat sie inzwischen durch den Kindergarten einige Freunde hier, sodass sie nie allein spielen muss.

Auch heute steht bereits Aysel auf der Matte, als Pia gerade erst mit dem Mittagessen beginnt.

»Kommst du raus spielen?«

Da schnappt sich Desirée Mütze, Jacke und Handschuhe und geht hinaus. Mama sagt ihr noch, wann sie spätestens wieder zu Hause sein muss.

»Was spielen wir?«, fragt Aysel unternehmungslustig.

»Wir können ja mal gucken, ob Lorenz auf der Straße ist«, schlägt Desirée vor. Lorenz ist ihr Kindergartenfreund, und die drei Kinder sind im Kindergarten unzertrennlich.

So schellen die beiden Mädchen bei Lorenz zu Hause und schon bald sind sie zu dritt unterwegs.

»Wir können nach den Ziegen gucken«, schlägt Aysel vor.

»Oder nach den Pferden.«

In der Nähe des Kindergartens hält Bauer Schmitt noch Ziegen. Eine Weile stehen die Kinder am Zaun und sehen den Tieren zu, wie sie am Zaun hochzuklettern versuchen.

»Was passiert, wenn sie abhauen?«, erkundigt sich Desirée interessiert.

»Die hauen nicht ab«, meint Lorenz. »Die sind noch nie abgehauen.« Dann sieht er sich um. »Immer nur Ziegen gucken ist langweilig. Lasst uns lieber was spielen.«

»Aber was?« Ratlos sehen die Kinder sich an.

»Fußball?«

»Ach nein.« Aysel mag keinen Fußball.

»Detektiv!«, schlägt Lorenz vor. »Ich habe einen Film gesehen, da schlichen Kinder durch die Gegend und waren Detektive. Und dann haben sie einen Verbrecher gefangen.«

Das hört sich verlockend an, finden Aysel und Desirée. »Aber gibt es hier einen Verbrecher?«

»Bestimmt«, meint Lorenz zuversichtlich. »Meine Oma hat gesagt, dass die Welt immer schlechter wird. Das heißt doch wohl, dass überall Verbrecher sind. Wir müssen sie nur finden!«

»Aber wie machen wir das?«

»Wir schleichen durch den Ort und verstecken uns hinter Büschen oder einer Zeitung. Und dann gucken wir, ob sich einer komisch benimmt.«

»Ach so. Ja gut. Dann lass uns mal anfangen!«

Vorsichtig schleichen die Kinder um die Ecke. Tatsächlich kommt ihnen sofort jemand entgegen. Aber das ist nur Frau Berg mit dem Kinderwagen und ihrer zweijährigen Tochter Anna.

»Die ist keine Verbrecherin«, erklärt Aysel entschieden. »Das ist die Mama von Marie-Rosa aus dem Kindergarten.«

»Ach so.« Die Kinder sehen kurz in den Kinderwagen, in dem das kleine Baby liegt, dann laufen sie weiter.

Frau Kerner von der Kneipe kommt ihnen mit ihrem Hund Flocki entgegen. Flocki ist klein und kläfft die ganze Zeit über. Desirée hat ein wenig Angst vor ihm. Was, wenn er nicht so gutmütig ist wie Bernhard?

»Die kenne ich auch«, sagt Lorenz großspurig. »Die wohnen ja neben uns.«

»Aber wen kennst du nicht?«

»Wir könnten unten im Neubaugebiet gucken«, schlägt Lorenz vor.

Sofort machen sich die Kinder auf den Weg. Dem Postboten winken sie freundlich zu, der ist bestimmt auch kein Verbrecher. Aber der alte Herr dort, der mit einer Tasche unterwegs ist – was will denn der?

»Kennt ihr den?«

»Nein, den kenn ich nicht. Das heißt: Ich glaube, der wohnt in dem Eckhaus. In dem so oft die Rollläden unten sind.«

»Vielleicht will er etwas verstecken.«

»Vielleicht hält er jemanden in seinem Haus gefangen!«

Gespannt sehen die Kinder hinter dem Mann her, der nun mit schlurfenden Schritten um die Ecke biegt. Ab und zu sieht er sich um, als suche er etwas.

»Er hat Angst, entdeckt zu werden. Ganz bestimmt.«

»Wir müssen ihn verfolgen. Wir müssen herausbekommen, was er vorhat. Vielleicht will er jemanden umbringen.«

Vorsichtig und gebückt schleichen die Kinder bis zur nächsten Hausecke. Dort sehen sie vorsichtig um die Ecke, um erkennen zu können, was der alte Herr vorhat.

Er bleibt jedenfalls lange an der Straße stehen und sieht sich um, bevor er endlich zögernd hinüberläuft.

»Er geht sehr langsam«, raunt Lorenz.

»Vielleicht kann er nicht mehr schnell gehen«, meint Desirée vernünftig.

»Spielverderber!«, zischt Aysel. »Er ist ein Verbrecher.«

»Wir können ihn ja noch ein Stück verfolgen«, schlägt Lorenz vor, »ganz egal, was er nun ist.«

Und das tun die Kinder. Sie folgen dem Herrn zwei Straßen weit, bis er schließlich vor einem Haus anhält.

Zögernd bleibt er auf dem Bürgersteig stehen, sieht sich um, betrachtet eingehend den Hauseingang.

»Was macht er da?«, flüstert Lorenz aufgeregt.

»Wohnt er da?«, will Desirée wissen.

Lorenz schüttelt den Kopf.

Der alte Herr geht nun mit seinen schlurfenden Schritten auf das Haus zu, klingelt, und als keiner öffnet, holt er etwas aus seiner Tasche und steckt es in den Briefkasten. Dann dreht er sich langsam um.

Die Kinder können gerade noch hinter dem Bushäuschen verschwinden. Ihr Verdächtiger darf sie doch nicht sehen!

Nein, er sieht sie nicht. Er schlurft die Straße entlang bis zu seinem Haus. Dort sieht er sich noch einmal um und verschwindet.

»Wir müssen ihn weiter beobachten«, flüstert Lorenz. »Er ist verdächtig!«

Aber da ruft Aysels Mutter. Sie hat eine Spezialität aus ihrer Heimat gebacken und möchte wissen, ob die Kinder davon probieren wollen.

Oh ja, das möchten sie sehr gerne. Also ziehen sie kurz danach gemütlich schmausend die Straße entlang. Ihren Verdächtigen haben sie schon fast vergessen. Es war ein Spiel. Ein lustiges Spiel – mehr nicht.

Im Übrigen muss Desirée sich mal bei Mama melden,

fällt ihr ein. Sie wollte doch heute noch Karten kleben für den Dorfbasar.

Mit ihrem Kringel in der Hand macht sich Desirée auf den Weg nach Hause.

# 3. Dezember

Heute haben Pia und Clemens wie jeden Donnerstag Flötenstunde. Sie haben beide große Fortschritte gemacht im letzten Jahr und spielen mittlerweile schöne kleine Duette.

»Habt ihr eigentlich schon einmal überlegt, wie es mit euch weitergehen soll?«, fragt Frau Butterblom, die Flötenlehrerin, sie heute.

Verständnislos sehen die Kinder sie an.

»Nun, wenn ihr weiter so gut übt, könntet ihr auf Querflöte umsteigen. Oder wir nehmen die Altblockflöte dazu. Wenn ihr vorhabt, noch fleißiger zu werden, könnt ihr sogar richtig gut werden. Ihr habt beide das Zeug dazu.«

Den Kindern entgeht nicht, dass sie vor allem Clemens ansieht.

»Ich weiß nicht«, murmelt Pia.

»Ich weiß auch nicht«, murmelt Clemens. Er hätte ja eigentlich schon Lust, noch mehr zu machen …

»Wir werden mal darüber nachdenken«, verspricht Pia.

»Wir werden mal unsere Eltern fragen«, fügt Clemens hinzu.

Frau Butterblom nickt. »Das ist eine gute Idee. Es wäre vielleicht auch gut, wenn eure Mutter mich mal anrufen würde. Dann könnte ich mich mit ihr darüber unterhalten.«

Nach der Stunde beeilen sich Clemens und Pia, aus dem Musikschulgebäude zu kommen. Denn Tante Wilhelma wartet mit dem Auto auf sie. Sie hat in der Stadt Besorgungen gemacht und fährt nun mit den Kindern wieder nach Hause.

»Was basteln wir noch für den Basar?«, erkundigt sich Pia auf dem Heimweg.

»Eure Mutter bestempelt mit den Kleinen Weihnachtskarten«, berichtet Tante Wilhelma. »Schon seit Tagen. Weil Weihnachtskarten einfach gut laufen. Ich habe kleine Stollen gebacken – vielleicht mögen die Leute die ja auch kaufen. Und heute sollen, glaube ich, Tannenbaumanhänger aus Perlen und Draht gebastelt werden.«

»Oh, da will ich mithelfen!«

Tante Wilhelma lacht. »Kevin ist auch schon da und beaufsichtigt die Kleinen. Allerdings turnte er vorhin ziemlich wild mit ihnen herum – ich weiß also nicht, ob er noch da ist.«

Pia nickt. »Hoffentlich.« Sie mag Kevin gut leiden, obwohl er manchmal wild und frech ist.

Während Clemens von Frau Butterbloms Frage erzählt, fahren sie weiter. Pias Gedanken wandern. Wenn sie es sich so überlegt, hat sie keine Lust, noch mehr Flöte zu üben. So, wie es jetzt ist, macht es ihr Spaß. Sie hat mit Hausaufgaben und Flötespielen genug zu tun.

Apropos Hausaufgaben: Ob Kevin diesmal seine Hausaufgaben gemacht hat? Pia nimmt sich vor, ihn zu fragen.

Derweil schwärmt Clemens von Altblockflöten und Querflöten und davon, dass man mit der Querflöte in ein Orchester gehen könnte.

Pia dagegen würde gar nicht so gerne noch mehr Musik machen. Pia will Fußball spielen. Und reiten. Ach, wie gerne würde sie wieder reiten! Aber weil das Pony Susi mittlerweile zu klein für sie ist, geht das ja nicht mehr …

So in Gedanken ist Pia, dass sie richtig überrascht ist, als Tante Wilhelma schon in den Hof einfährt. Bernhard, der sich ein bisschen in der Wintersonne aufgewärmt hat, steht langsam auf und wedelt mit dem Schwanz.

Pia krault ihm erst einmal den Bauch, als sie ausgestiegen ist. Sie liebt nun einmal Tiere. Dann folgt sie Clemens und der Tante ins Haus.

Dort sind schon Horden von Kindern dabei, zu basteln. Kevin aber hockt ganz allein auf der Treppe und starrt vor sich hin.

»He«, sagt Pia und stupst ihn mit der Fußspitze an. »Was ist mit dir?«

»Ich nehme die Bude auseinander«, brummt Kevin und verdreht die Augen. »Ist deine Mutter immer so streng? Dann kannst du einem ja leidtun.«

Pia denkt nach. Ist ihre Mutter streng? Eigentlich nicht. Sie hat so ihre Regeln, an die man sich halten muss. Erst Hausaufgaben, dann spielen. Wir reden höflich miteinander. Und so weiter.

Pia lacht. »Ich finde sie nicht so streng.«

Eine Weile steht sie vor Kevin, der immer noch auf der Treppe sitzt. Das Schweigen wird schließlich peinlich, findet sie.

»Hast du deine Hausaufgaben schon gemacht?«

Kevin grinst etwas schräg. »Ich glaube, du bist genau wie deine Mutter.«

»Also nein.«

»Zu schwer.«

»So ein Quatsch. Letztes Mal waren sie auch nicht schwer. Bring sie her, dann machen wir sie wieder zusammen.«

Kevin sieht sie an. »Darf ich denn aufstehen? Ich meine, weil deine Mutter gesagt hat, ich soll mich auf die Treppe setzen und nachdenken, bis ich mich beruhigt habe.«

»Hast du dich denn beruhigt?«

»Mensch, ja.«

»Also, dann lauf!«

Pia geht nachdenklich in die Küche. Die Kleinen kleben, Clemens hat begonnen, irgendwelche Teile auszusägen mit der Laubsäge.

»Magst du auch helfen, Pia?« Die Muter sieht Pia forschend an.

Pia schüttelt den Kopf. »Ich mache gleich mit Kevin Hausaufgaben.«

»Hast du sie denn noch nicht gemacht?«

»*Ich* schon.«

»Ach so. Am besten geht ihr hoch in euer Zimmer. Sag mir Bescheid, wenn du Hilfe brauchst.«

Kurz darauf taucht Kevin wieder mit seinem Ranzen auf.

Breit grinsend stellt er fest, dass er nun mit in Pias Zimmer kommen darf. »Hier war ich noch nie«, meint er und sieht sich um. Um dann hinzufügen: »Mann, ist das ordentlich hier!«

Pia sieht sich um. Auf dem Tisch liegt ein Brettspiel, Clemens hat ein Modell auf dem Boden stehen und Pia ihre Plastiktiere. Wie es wohl bei Kevin aussieht?

Pia lässt sich die Aufgaben zeigen. So schwierig sind sie nicht. Nicht die in Mathe, noch viel weniger die in Deutsch.

Nach ein paar Erklärungen legt Kevin los. Er gibt sich offensichtlich Mühe, alles richtig hinzubekommen.

Nach einer Weile kommt Pias Mutter herein mit einem Teller Plätzchen. »Wenn ihr so fleißig seid, müsst ihr doch wohl auch etwas bekommen«, meint sie und stellt den Teller auf den Schreibtisch. Sie wirft noch einen Blick auf Kevins Heft, dann geht sie wieder.

»Mann, hierhin komme ich jetzt immer zum Hausaufgabenmachen!«, erklärt Kevin begeistert und stopft sich ein Plätzchen in den Mund, bevor er weiterschreibt.

# 4. Dezember

Heute ist Barbaratag. Tante Wilhelma hat Zweige geschnitten im Garten. Weil es schon gefroren hat, stellt sie sie direkt in eine große Vase.

Misstrauisch sieht Clemens die Zweige an. »Und jetzt?«

»Wir haben das im Kindergarten durchgenommen«, erklärt Desirée eifrig. »Das erinnert an die heilige Barbara. Die war im Gefängnis, obwohl sie gar nichts gemacht hatte. Und sie hatte einen Zweig dabei, einen dürren Zweig. Dem hat sie zu trinken gegeben von ihrem Wasser. Und da ist er aufgeblüht. Da wusste Barbara, dass Gott sich um sie kümmert.« Sie überlegt. »Aber was machen wir damit? Wir sind doch nicht im Gefängnis!«

Tante Wilhelma lacht. »Jeder von uns sucht sich einen Zweig aus. Wir hängen kleine Schildchen mit den Namen daran. Und wessen Zweig zuerst aufblüht, der darf sich am folgenden Sonntag den Kuchen wünschen. Okay?«

Das ist eine lustige Idee, finden die Kinder. Und Clemens weiß ohnehin schon, welchen Kuchen er sich wünschen würde: einen kalten Hund, den mag er für sein Leben gern. Aber welcher Zweig wird wohl zuerst aufblühen?

Nach und nach sucht sich jeder einen Zweig aus. Sogar für den kleinen Ben wird einer ausgewählt. Tante Wilhelma befestigt kleine Schildchen an den Zweigen und stellt sie dann in die große Bodenvase.

»Aber dass du sie nicht anknabberst«, droht Clemens augenzwinkernd dem kleinen Bruder mit dem Zeigefinger.

Ben lacht.

Clemens sieht sich um. »Haben wir hier noch zu tun?«

Das hätte er nicht fragen dürfen, denn natürlich hat seine

Mutter sofort wieder einen Auftrag für ihn. Und so schmirgelt er denn seine ausgesägten Tannenbaumanhänger ab, Mama bohrt Löcher und Pia zieht Fäden durch.

»Dürfen wir sie noch bunt anmalen?«, fragt Desirée.

Mama schüttelt den Kopf. »Die lassen wir ganz schlicht, so wie Clemens sie ausgesägt hat.« Sie überlegt. »Aber ihr könnt noch etwas tun. Ihr könnt mir helfen, Plätzchen abzuwiegen und abzupacken. Den Rest haben wir so halbwegs fertig.«

So haben auch die anderen Kinder noch Arbeit – aber nach einer Stunde ist das ebenfalls geschafft.

»Wir gehen noch raus«, schlägt Desirée vor. »Und wir beobachten den Verdächtigen.«

Clemens und Pia sehen einander verwundert an. »Was für einen Verdächtigen?«

Da erzählt ihnen Desirée von dem Mann, der so langsam die Straße entlanggeht, der Sachen in fremde Briefkästen wirft, der sich so oft umsieht und der diese komische Tasche dabeihat.

Clemens tippt sich an die Stirn. »Bei euch piept es ja. Wieso soll der denn ein Verbrecher sein?«

Aber er nimmt sich vor, die Augen offen zu halten. Es wäre nicht schön, wenn in dem kleinen Dorf böse Menschen, richtig böse Menschen wohnen würden. »Wo wohnt der Mann?«, fragt er.

Desirée kann es ihm genau beschreiben.

Da nimmt sich Clemens vor, in der Straße vorbeizugehen und auf Auffälliges zu achten. Wollte er nicht auch ein Licht sein im Advent? Sicher ist es eine gute Sache, böse Personen zu entlarven!

# 5. Dezember

Heute findet der große Dorfbasar statt. Die Rothmann-Kinder wohnen nun schon seit einem Jahr hier im Dorf. Sie kennen sich aus. Schon im letzten Jahr haben sie mitgeholfen. Das war noch ziemlich spontan. In diesem Jahr haben sie kräftig mitgebastelt und mitgebacken.

Pia und Desirée helfen Frau Klaas, die Stände zu dekorieren.

Clemens hilft lieber beim Aufbau der Tische, das findet er weniger langweilig.

Kevin hilft überhaupt nicht, er sucht wieder einmal seine kleine Schwester Stina. Das hätte er allerdings nicht zu tun brauchen, wenn er selber geholfen hätte, denn die Kleine steht am Marmeladenstand und sortiert die Gläser nach Sorten.

Mama baut die Waffeleisen auf, denn sie wird in diesem Jahr wieder die Waffeln backen.

Papa passt auf den kleinen Ben auf.

Währenddessen führt Onkel Theo das Pony Susi herbei, denn in diesem Jahr soll ein Ponyreiten für die Kleinen angeboten werden. Pia hat sich bereit erklärt, das Pony zu führen, während Onkel Theo die Kinder festhält.

Und schon trudeln die ersten Besucher ein. Frau Meyer bringt die große Kaffeekanne aus dem Kindergarten heraus. Papa geht stattdessen mit Ben in den Kindergarten hinein. »Magst du mir deinen Kindergarten zeigen, Desirée?«, fragt er.

Aber Desirée ist mit Marmeladesortieren beschäftigt, sie schüttelt den Kopf.

Plötzlich stößt Aysel sie in die Seite. »Da kommt er!«

Misstrauisch sehen die Kinder den fremden Mann an. Da ist er, ihr Verdächtiger. Er geht langsamen Schrittes in den Kindergarten hinein. Wieder hat er seine große Tasche dabei.

Er bleibt vor dem Stand mit den Plätzchen stehen und betrachtet genau die einzelnen Tütchen.

»Vielleicht will er stehlen«, überlegt Desirée.

Doch der Mann stiehlt nicht, sondern überlegt ewig lange, nimmt das eine Tütchen in die Hand und dann wieder das andere, bis er sich schließlich für eines entscheidet und es bezahlt.

Dann geht er weiter zu den Marmeladentöpfen. Auch dort überlegt er und wählt aus, bis er schließlich ein einzelnes, kleines Marmeladenglas kauft.

Dann stellt er sich neben den Zaun und sieht Pia zu, wie sie Susi herumführt. Ganz lange steht er da und sieht ihr zu.

»Ein hübsches Pony«, sagt er, als Susi einmal Pause machen darf und Pia ihr einen Eimer Wasser bringt.

Pia lacht. »Aber Sie können nicht darauf reiten«, meint sie. »Schon ich bin zu groß für Susi geworden.«

»Bist du traurig darüber?« Der Mann sieht Pia nachdenklich an.

Pia nickt. »Aber wir haben eben kein größeres Pferd. Darum kann ich jetzt nicht mehr reiten.« Sie gibt Susi noch ein Stück Möhre, dann führt sie sie wieder zu Onkel Theodor und der Schlange von Kindern hinüber, die alle schon darauf warten, auch ihre Runde auf Susis Rücken drehen zu dürfen.

Der fremde Mann steht da und sieht ihr nach, dann kauft er eine Tasse Kaffee und eine Waffel und setzt sich damit an einen Tisch.

Misstrauisch schleichen Desirée und ihre Freunde um ihn herum, doch sie können weiter nichts Verdächtiges an seinem Verhalten erkennen. Schließlich zieht er wieder los, an seiner Hand die Tasche mit Plätzchen und Marmelade.

Abends sind sie alle müde und erschöpft nach dem Basar, aber auch stolz, dass wieder so viele Leute da waren und für die kranken Kinder so viel Geld zusammenkam.

»Ich bin kaputt«, seufzt Clemens und lässt sich auf das Sofa im Wohnzimmer fallen. Da fällt sein Blick auf die Barbarazweige. Welcher wohl zuerst aufblühen wird? Eigentlich sehen alle gleich dürr aus …

»Wir müssen noch Schuhe putzen!«, ruft Desirée.

Natürlich hat sie recht. Also erhebt sich Clemens wieder. Und zusammen mit der ganzen Familie macht das Putzen richtig Spaß.

# 6. Dezember

Heute Morgen stehen die ganzen Schuhe gefüllt in einer Reihe – aber nicht vor der Haustür, sondern auf der Sitzbank im Flur.

»Der Nikolaus hat gedacht, Schuhe müssen auch mal sitzen«, kichert Desirée.

»Der Nikolaus wollte nicht, dass Bernhard die Schokolade aufisst«, bemerkt Onkel Theo.

Da nicken die Kinder verständnisvoll. Schokolade ist nicht gesund für Hunde, das wissen sie. Und Bernhard ist zwar manchmal ungezogen und isst Keksreste oder Ähnliches, wenn Ben etwas auf den Boden hat fallen lassen – aber vom Tisch oder der Bank nimmt er nichts. Und so freuen sich die Kinder an der Schokolade, den Plätzchen und den Nüssen.

Dann aber gibt es erst einmal Frühstück. Tante Wilhelma hat einen Honigkuchen gebacken, der schmeckt ganz wunderbar. Onkel Theo erzählt, dass er früher am Nikolaustag einen Honigkuchen bekommen hat. »Mein Opa hat sich als Nikolaus verkleidet«, berichtet er. »Ich hatte so große Angst, als er mit ganz tiefer Stimme fragte, ob ich auch brav gewesen war. Ich habe mich hinter dem Stuhl versteckt. Da sprach der Nikolaus plötzlich mit Opas normaler Stimme weiter und schenkte mir den Honigkuchen.«

Die Kinder lachen. Sie können sich Onkel Theo gar nicht als kleinen Jungen vorstellen!

Lange sitzt die Familie zusammen, isst und erzählt, bis man schließlich zur Kirche aufbricht.

Und was geschieht dort? Im Kindergottesdienst liest Frau

Hauser aus einem Buch über den Nikolaus vor. Dann überlegen alle zusammen, wie man anderen Menschen eine Freude machen kann. Jeder erzählt, wo ihm dies in der letzten Woche gelungen ist – und wo nicht.

»Ich habe mit meinem kleinen Bruder gespielt«, berichtet Madeleine.

»Ich habe meine Geschwister ans Schuheputzen erinnert«, stellt Desirée zufrieden fest.

Da müssen die Großen lachen.

Und beim Kirchenkaffee gibt es für die Kinder Schokoladennikoläuse.

»Mir gefällt Nikolaus«, stellt Clemens zufrieden fest.

»Na ja, irgendwann wird es ein bisschen viel«, meint Pia und schenkt Clemens ihren Schokonikolaus.

»Was tust du da?«, fragt Mama misstrauisch.

»Ich wende das an, was ich im Kindergottesdienst gelernt habe«, erklärt Pia grinsend. »Ich mache jemandem eine Freude.«

Während alle noch dasitzen und lachen, klopft es plötzlich an die Tür.

»Wer ist denn das?« Selbst die Erwachsenen sehen einander verwundert an.

Langsam öffnet sich die Tür und davor steht – der Nikolaus. Nun ja, vielleicht ist es auch eher ein Weihnachtsmann. Jedenfalls hat er eine Pudelmütze auf und einen dichten, weißen Rauschebart, der sein Gesicht fast ganz verdeckt. Bekleidet ist er mit einem roten Plüschmantel, unter dem ein Paar weiße Turnschuhe und die unteren Enden einer Jeanshose hervorsehen.

Das Interessanteste aber an ihm ist eine große Rute, die er trägt, und ein kleiner Kartoffelsack, den er ebenfalls mit sich führt.

Nun beginnt er zu sprechen und seine Stimme klingt erstaunlich voll für einen so alten Mann:

> *Halli, hallo, ich bin der Nikolaus*
> *und gehe heut von Haus zu Haus.*
> *Und hier wie dort, da tu ich fragen,*
> *wie die Kinder sich haben betragen.*
> *Waren sie faul und frech dazu,*
> *dann lass ich sie mit Geschenken in Ruh'.*
> *Wenn die aber freundlich sind,*
> *bekommt ein Geschenk das liebe Kind.*

Clemens findet die Reime ziemlich peinlich, die Kleinen aber und interessanterweise auch die Erwachsenen scheinen den Auftritt sehr lustig zu finden.

»Also, ich war schon einmal brav«, erklärt Desirée laut und vernehmlich.

Alle lachen.

»Was bekomme ich für ein Geschenk?«, erkundigt sich Desirée.

> *Mal sehen, was ich habe für dich,*
> *komm, greif in den Sack und vergewissre dich!,*

reimt der Nikolaus weiter.

»Na, dann mal los«, sagt Desirée, greift in den Sack, wühlt mit angespannter Miene eine Weile darin herum und zieht schließlich ein kleines Geschenk daraus hervor.

»Ich habe lieber etwas Hartes genommen«, erklärt sie dem Nikolaus, »in den weichen Paketen sind meistens Socken oder Waschlappen.«

Desirée jedenfalls packt einen kleinen Plastikhund aus und ist sehr zufrieden mit ihrem Geschenk.

Nun kommt Bewegung in die anderen Kinder.

»Ich will auch etwas!«, ruft Madeleine.

»Ich auch!«

»Ich auch!«

*Wart ihr auch nett, ihr Kinderlein?*
*Dann greift gleich in den Sack hinein!,*

fordert der Nikolaus die Kinder auf.

Und eins nach dem anderen zieht ein Geschenk aus dem Sack hervor.

Clemens hat eine Weile gezögert. Die ganze Aktion kommt ihm ziemlich albern vor. Aber Pia zieht einen schönen Pferdebleistift, und viele andere Kinder ziehen ebenfalls Stifte, Radiergummis und Plastiktiere. Da hätte Clemens schon auch gerne etwas.

Er steht langsam auf und geht zu dem Nikolaus hinüber.

*Ich bin so brav*
*als wie ein Schaf!,*

erklärt er mit lauter Stimme. Dann greift er ebenfalls in den Sack und zieht ein Päckchen hervor.

Clemens ist schon groß, er wühlt nicht wie seine kleine Schwester herum, sondern er nimmt, was ihm zuerst in die Finger kommt. Ein weiches Päckchen.

Ein weiches Päckchen ist verdächtig. Das kann ziemlich peinlich werden. Vorsichtig packt Clemens aus. Ein Paar Socken. Mit Pferden darauf. Na, das hat ihm noch gefehlt! Was soll er mit Pferdesocken? Pia vielleicht …

»Willst du tauschen?«, raunt der Nikolaus ihm zu. Jetzt hat er plötzlich genau die Stimme des Pastors.

Clemens schüttelt den Kopf. Ganz schnell steckt er die Socken weg. Eigentlich ist es doch praktisch! Auf diese Art hat er schon ein prima Weihnachtsgeschenk für seine Schwester Pia.

Übrigens ist die Nikolausfeierei damit immer noch nicht zu Ende. Am Nachmittag kommt auf dem Sturmhof der Dorf-Nikolaus vorbei. Diesmal nicht nur in Begleitung seines Ponys, sondern auch mit Kevin. »Ich hab ihm gesagt, dass er vormittags gar nicht erst zu kommen braucht«, sagt Kevin grinsend. »Weil ihr ja in die Kirche geht.«

»Hast du was dagegen?«, fragt Pia angriffslustig.

»Nee, überhaupt nicht.«

Verlegen schweigen die Kinder. Plötzlich meint Kevin: »Ich hatte Mathe richtig.«

»Echt? Super!«

Kevin schweigt.

Desirée beißt in ihren Nikolauswecken, den der Dorf-Nikolaus ihr gegeben hat. Er unterhält sich noch kurz mit Mama, bevor er wieder geht.

»Dann kommt mal ins Haus, Kinder. Es ist kalt«, sagt Mama.

»Ich habe heute noch kein Mathe gemacht«, murmelt Kevin.

Pia ist kein bisschen überrascht. Sie lacht bloß. »Dann hol das Zeug mal her!«

# 7. Dezember

Heute ist wieder Frauenkreis am Nachmittag – und wie meistens findet er auf dem Sturmhof statt. Tante Wilhelma hat einen großen Blechkuchen gebacken und nun sitzen die Frauen in der Küche und unterhalten sich. Sie wollen dabei ihre Ruhe haben, darum turnen die Kinder über den Hof.

Desirée hat ihre ganzen Kindergartenfreunde um sich versammelt und erklärt ihnen eine komplizierte Art Spiel, das sie mit ihnen spielen will.

»Und wenn ich ›Flut‹ rufe, dann rennt ihr alle los. Die, die schwimmen können, zur Weide. Die anderen …«

»Vielleicht zu den Autos?«, schlägt Lorenz vor.

»Quatsch. Irgendwohin, wo sie sich retten können. Vielleicht zu den Holzstapeln.«

Als Pia und Clemens mit dem Mittagessen und den Hausaufgaben fertig sind, herrscht jedenfalls auf dem Hof das reinste Durcheinander.

»Was ist denn hier los?«, erkundigt sich Clemens und ergreift dann die Flucht. Lieber übt er auf der Flöte oder er spielt ein wenig am Computer.

Pia aber sieht den Kleinen eine Weile zu, bevor sie sich mit einem Buch in den Stall verzieht. Hier ist es warm und gemütlich und ihre Ruhe hat sie auch.

Susi hat sich auch hierhin zurückgezogen, vielleicht ist es ihr draußen auch zu laut geworden.

Mit einem Mal kommt noch jemand in den Stall. »Hi«, sagt Kevin lässig. »Ich hab dich schon gesucht.«

»Hi. Musst du wieder Mathe machen?«

»Ich bin mit Stina mitgekommen.«

Pia lacht. »Das habe ich mir gedacht. Hast du deine Hausaufgaben dabei? Wir könnten Mama fragen, ob wir wieder Kekse bekommen«, lockt sie.

Ohne Antwort zu geben, saust Kevin los.

Langsam geht Pia über den Hof und ins Haus hinüber. Was Mama wohl dazu sagt?

Aber Mama sagt gar nicht viel. Sie stellt Pia und Kevin Kakao und Kekse hin. Sie sieht den Kindern eine Weile über die Schulter, dann kehrt sie zu den Frauen zurück.

Und Pia rechnet mit Kevin. Mittlerweile hat sie ganz gut heraus, was er nun eigentlich kann und was nicht. Innerhalb von einer halben Stunde sind sie fertig – mit den Aufgaben und den Keksen.

Vom Hof dringen Jauchzen und Schreien herauf.

»Wir könnten noch ein bisschen mit den Kleinen spielen«, schlägt Kevin vor.

Als die beiden Großen, Kevin und Pia, auf den Hof kommen, laufen die Kleineren sofort herbei. Sie finden es immer toll, wenn man zusammen spielen kann.

Und Kevin hat Fantasie, das muss man ihm lassen. Die ganze Gruppe wird zu einer Schatzgräbertruppe, die zunächst über den Hof schleicht, um nach einem Höhleneingang zu suchen.

»Ich sehe keinen Höhleneingang«, erklärt Lorenz enttäuscht, als sie dreimal den ganzen Hof durchquert haben.

»Ich habe ihn entdeckt!«, raunt Kevin.

Sofort sammeln sich alle Kinder um ihn.

Kevin sieht sich um. »Seid ihr bewaffnet?«

»Bewaffnet?« Mit einer Mischung aus Spannung und Erschrecken sehen die Kinder Kevin an.

»Nun, es könnte ja ein Monster in der Höhle sein. Zum Beispiel ein Drache, der die Höhle bewacht. Der gibt uns den Schatz nicht freiwillig heraus. Den müssen wir bekämpfen.«

Pia schüttelt den Kopf. »Mama mag es nicht, wenn wir so etwas spielen.«

»Deine Mutter ist wirklich unnatürlich streng«, bemerkt Kevin. »Wir können ja spielen, dass wir an dem gefährlichen Drachen vorbeischleichen.«

Damit sind die Kinder einverstanden.

Kevin schleicht zum Stall, öffnet zentimeterweise die Tür und lugt dann in den Stall hinein.

»Hier muss es sein«, raunt er.

Vorsichtig öffnet er die Tür weiter und schleicht hindurch. In der Tür dreht er sich um und legt den Finger an die Lippen. »Ein großes, gefährliches Monster ist dort. Wenn es uns entdeckt, sind wir verloren. Wir müssen leise sein. Sehr, sehr leise.«

Er schleicht langsam, sehr langsam durch die Tür. Und der ganze Pulk der Kinder folgt.

Pia sieht neugierig an Kevin vorbei. Was ist denn hier im Stall für ein Monster? Nur die gute, alte Susi, aber die ist bestimmt nicht gefährlich, sondern das liebste Pony der ganzen Welt.

Trotzdem geht Pia hinter Kevin her und achtet dabei sorgfältig darauf, nirgendwo gegenzustoßen. Wenn es Kevin denn nun so wichtig ist …

Eine ganze Zeit lang brauchen die Kinder, um durch den Stall zu schleichen. Natürlich hat Susi sie längst entdeckt, denn sie spitzt die Ohren und sieht neugierig zu ihnen herüber. Aber sie wiehert nicht. Wahrscheinlich findet sie das Verhalten der Kinder etwas seltsam.

Endlich sind sie alle beim Heuhaufen angekommen.

Mit wichtiger Miene greift Kevin tief hinein und fördert

eine Handvoll Heu zutage. »Hier ist der Schatz«, erklärt er und hält den anderen das Heu hin. »Gold und Diamanten und Nintendos. Schätze von unglaublichem Wert.«

Pia staunt, woher er diesen Ausdruck wohl hat. Sie nimmt sich ein paar von den Heuhalmen und verbeugt sich leicht vor Kevin. »Danke, dass du mich an deinen unschätzbaren Juwelen teilhaben lässt.« Dann geht sie zu Susi hinüber und verfüttert ihren Anteil am Schatz an das Pony.

# 8. Dezember

Heute ist Dienstag. Am Dienstag hat Clemens besonders lange Schule, und als er nach Hause kommt, ist Pia schon mit den Hausaufgaben fertig und strolcht über den Hof. Die Kleinen spielen irgendein wildes Spiel, in dem von einem wertvollen Schatz die Rede ist, und rasen dabei über den Hof.

Ben ist mit Tante Wilhelma beim Kinderturnen. Erst ganz kurz geht er dorthin, aber es macht ihm riesigen Spaß, sagt Tante Wilhelma.

Mama ist in der Küche und wärmt für Clemens das Essen auf. Während er isst, setzt sie sich zu ihm und putzt schon einmal Rosenkohl für heute Abend.

Clemens mag es, wenn er seine Mutter so ganz für sich allein hat.

Eine Weile sitzen sie sich schweigend gegenüber und genießen es, zusammen zu sein. Dann unterbricht die Mutter die Stille: »Was denkst du eigentlich über diese Flötenstunden-Sache? Wie fühlst du dich mit Frau Butterbloms Vorschlag?«

Clemens rührt in seinem Essen. Was soll er jetzt sagen? Er will auf keinen Fall Pia in den Rücken fallen. Aber natürlich hätte er wirklich gerne mehr Flötenunterricht.

»Hast du schon mit Pia darüber gesprochen?«, fragt Mama.

Clemens schüttelt stumm den Kopf.

»Umso besser. Ich möchte gerne wissen, was du denkst. Mit Pia kann ich mich einzeln unterhalten.«

Clemens schluckt. »Aber ich kann doch Pia nicht im Stich lassen.«

»Wie meinst du das?«

»Wenn ich jetzt sage, dass ich gerne Altblockflöte oder Querflöte lernen will, dann muss Pia aufhören oder auch so etwas machen. Was sie aber, glaube ich zumindest, gar nicht will.«

»Wenn aber Pia jetzt nicht davon abhängen würde … was würdest du dir dann wünschen?«

»Oh, dann würde ich noch mehr Musikunterricht nehmen. Vielleicht Querflöte. Doch, das würde mir gefallen.«

»Auch wenn du dann deutlich mehr üben müsstest?«

»Ich übe gerne. Musik ist mein Hobby.« Clemens grinst verlegen. »Außer … Essen noch. Das ist auch mein Hobby.«

Mama nickt lächelnd. »Papa und ich, wir werden darüber nachdenken.«

»Aber Musikunterricht ist teuer, oder?«

»Das ist einer der Vorteile von unserem Umzug. Wir wohnen hier deutlich günstiger als in der Stadt.«

»Echt? Hier ist es doch viel schöner!«

»Echt.«

Clemens hätte sich lieber noch länger mit seiner Mutter unterhalten, aber er hat aufgegessen und die Hausaufgaben warten.

Außerdem hört man Desirée im Wohnzimmer ein Wutgebrüll ausstoßen und dann geht auch noch die Tür auf und Pia kommt herein. Sie sieht ziemlich frustriert aus, als sie erklärt: »Sie wollen mich einfach nicht dabeihaben.«

»Wer denn?«

»Die Jungs hier – beim Fußballspielen. Ich finde das total unfair. Ich spiele bestimmt besser als manche von ihnen. Aber nein, in ihre Mannschaft kommen nur Jungen.« Pia schnaubt böse durch die Nase. »Eingebildete Mannsbilder!«

Clemens muss lachen. Pia sagt das genauso, wie Tante Wilhelma manchmal spricht.

»Was gibt es denn da zu lachen?« Pia ist nicht gerade begeistert über Clemens' Reaktion.

»'tschuldigung. Kannst du den Kerlen nicht mal zeigen, dass du gut spielst?«

»Aber wie denn? Wenn sie mich doch nicht mitspielen lassen …«

»Ich werde mal drüber nachdenken … Wenn sie gegen dich spielen müssten, dann würden sie es doch merken, oder?«

»Tun sie aber nicht. Und weil ich in keinem Verein bin, werden sie auch keine Gelegenheit dazu bekommen.«

Mama sieht Pia an. »Ist das eine Beschwerde? Willst du, dass ich einen Sportverein für dich suche?«

Pia schüttelt den Kopf. »Viel lieber würde ich reiten«, sagt sie leise.

Mama seufzt. »Pia. Ein Pferd ist teuer. Und ein Pferd zu halten ist auch teuer.«

»Ich weiß … Ich würde nur so gerne. Ich weiß ja, dass es nicht geht.«

Sie verlässt den Raum. »Ich gehe noch den Stall ausmisten«, sagt sie in der Tür.

»Danke, mein Schatz.«

Clemens sieht hinter seiner Schwester her. »Mädchen sind alle pferdeverrückt«, stellt er fest. »Aber was den Fußball angeht, ist die Sache wirklich ärgerlich …«

Mama lacht. »Diese Jungen werden noch dahinterkommen, was sie an Pia haben. Und wenn nicht …«

»Und wenn nicht?«

»Dann sind sie selber schuld!«

# 9. Dezember

Heute gehen Desirée und ihre Freunde wieder auf Verbrecherjagd.

»Ich habe den Verbrecher gesehen«, verkündet Lorenz mit wichtiger Miene.

»Und was hat er getan?«

»Er schlich über die Weide. Wahrscheinlich wollte er eine Ziege klauen. Er hatte einen Eimer dabei!«

»Oh. Aber die Ziege passt nicht in den Eimer.«

»Der Eimer war leer, als ich ihn auf die Weide gehen sah.«

»Schade. Sonst hätte ich gedacht, dass er darin Futter hat und damit die Ziege locken will.«

»Vielleicht hat er einen Schatz gefunden und will ihn ausgraben?«

»Oh! Habt ihr denn einen Schatz auf der Weide?«

»Ich glaube nicht.«

»Vielleicht hat er eine Schatzkarte gefunden.«

»So ein Blödsinn. So etwas kommt nur in Büchern vor.«

»Aber vielleicht hat er etwas geklaut. Damit man es nicht bei ihm findet, hat er es bei euch auf der Weide vergraben. Und jetzt will er es zurückholen.«

Die Kinder finden die Sache spannend. Schön spannend.

»Dann können wir doch versuchen, den Schatz auf der Weide zu finden.«

Das ist eine gute Idee, das finden auch Aysel und Desirée. Und schon ziehen sie zu dritt los und inspizieren die Weide.

»Hier unter dem Gebüsch könnte es sein«, raunt Lorenz. »Dort ist ein sehr unauffälliger Ort.«

Die drei Kinder kriechen unter das Gebüsch. Doch etwas wirklich Interessantes ist da nicht zu entdecken. Die Erde ist nicht locker, und überall wächst Gras.

»Vielleicht da hinten bei der großen Birke«, schlägt Aysel vor.

Die drei Kinder laufen zur Birke. Darunter ist eine große Matschpfütze, aber etwas wirklich Verdächtiges können sie auch hier nicht sehen.

»An der Schuppenwand«, schlägt schließlich Desirée vor.

Die Kinder überqueren die ganze Weide wieder zurück Richtung Haus, bis sie die Schuppenwand erreichen. Dort sind mit Kreide Kreise aufgemalt und ein Kreuz.

»Da«, stammelt Lorenz.

Verwundert bleiben die Kinder vor der Scheunenwand stehen. Das hier ist das Zeichen für den vergrabenen Schatz, da sind sie sich sicher.

»Aber was tun wir jetzt?«, fragt Aysel. »Die Polizei rufen?«

»Wir können selber nachgraben. Wenn wir die Beute gefunden haben, sagen wir der Polizei Bescheid. Damit die die Sachen verteilen kann an die Menschen, denen sie gestohlen wurden«, schlägt Desirée vor.

»Und wenn hier doch keine Beute ist? Sondern ein echter Schatz?« Aysel ist sich unsicher.

»Ist doch egal. Ich hole einen Spaten«, erklärt Desirée energisch. Sie stapft los zum Hof und holt Onkel Theos Spaten aus dem Schuppen. Gerade ist sie dabei, den schweren Spaten über den Hof zu schleppen, da kommt ihr Clemens entgegen. Er hält den Bogen mit den Pfeilen, die er zum Geburtstag bekommen hat.

»Was willst du mit Onkel Theos Spaten?«, fragt er seine Schwester misstrauisch.

»Ich … ich …« Große Brüder können manchmal ziemlich störend sein, findet Desirée.

»Was machst du?«

»Wir graben einen Schatz aus. Hinter der Scheunenwand.«

»Kommt nicht in Frage«, erklärt Clemens energisch. »Hinter der Scheune darf ich Bogenschießen üben. Mama hat es erlaubt. Grabt euren Schatz woanders aus.«

Er stiefelt auf die Weide zu, geht hinter die Scheune und nimmt vor der Wand Aufstellung. »Weg da von meiner Schießscheibe!«, ruft er den Kleinen zu.

»Deine Schießscheibe?«, stottert Lorenz verwirrt.

»Ja, ich habe sie mir auf die Wand gemalt. Onkel Theo hat mir geholten.«

Und damit scheucht er die Kinder beiseite und beginnt unter ihren enttäuschten Blicken, an der Scheunenwand Bogenschießen zu üben.

# 10. Dezember

Wie immer am Donnerstag ist Flötenstunde. Mama kommt heute mit. Schweigend sitzt sie dabei, während die Kinder ihre Stücke vorspielen.

Ein komisches Gefühl ist das für die beiden. Spielen sie nun Mama oder Frau Butterblom vor?

Doch Frau Butterblom verhält sich wie immer, und so haben sie schon bald vergessen, dass Mama auch da ist.

Doch nach einer Weile hält Frau Butterblom inne. Sie gibt den Kindern Hausaufgaben auf und wendet sich dann an Mama. »Es ist schön, dass Sie heute mitgekommen sind«, sagt sie. »Da können wir uns mal zu viert unterhalten darüber, wie es mit dem Unterricht weitergehen soll.«

Pia und Clemens sehen sich verlegen an. So ein peinliches Gespräch! Das hat ihnen gerade noch gefehlt.

Mama ergreift das Wort. »Wir haben ein kleines Problem, aber vielleicht wissen Sie ja eine Lösung. Clemens hat große Freude am Flöten. Er hätte auch große Lust, noch mehr zu üben und vielleicht Querflöte zu lernen oder sich in Blockflöte weiterzubilden.«

Frau Butterblom nickt zufrieden. »Clemens ist ein begabter Schüler. Das würde mir große Freude machen.«

Pia beißt sich auf die Lippen. Sie ist nicht begabt. Na prima.

Mama spricht weiter. »Pia spielt auch schön Flöte. Und es macht ihr auch Spaß, das ist keine Frage. Aber sie hat noch ganz andere Interessen und möchte daher nicht noch mehr üben.«

Frau Butterblom nickt. »Ja, Pia ist auch fleißig und spielt schön. Aber ich kann sie gut verstehen.«

Pia ist erleichtert. Immerhin scheint die Flötenlehrerin nicht böse auf sie zu sein.

Frau Butterblom spricht schon weiter. »Ich habe da eine Idee. Ich weiß nicht, ob sie gut ist. Es ist nur eine Idee. Wie wäre es, wenn beide Kinder zusammen in einen Blockflötenkreis oder eine Blockflötengruppe gehen? Es gibt hier von der Musikschule aus einen, aber viele Schulen und Kirchengemeinden bieten so etwas auch an. Pia hört mit dem Unterricht auf und Clemens kann dafür noch tiefer einsteigen. Dann hat Pia weiterhin ihre Flöte und kann damit Musik machen, muss aber nicht so viel Zeit hineinstecken. Clemens könnte weiterlernen und hätte trotzdem mit Pia zusammen das Flöten weiter.«

Unsicher sieht Pia zu Mama hinüber. Was wird die dazu sagen?

Aber Mama nickt leise vor sich hin und sieht dann Clemens an. »Du wärest glücklich damit, nicht wahr?«

Eifrig nickt der Junge.

»Und du, Pia?«

»Oh, das hört sich toll an!«

Mama lächelt Frau Butterblom zu. »Ich werde noch darüber beten und mit meinem Mann sprechen. Sie bekommen auf jeden Fall innerhalb der nächsten Woche von uns Bescheid. Vielen Dank für den guten Ratschlag.«

Auf dem Heimweg schweigen die Kinder. Jeder hängt seinen Gedanken nach. Plötzlich sagt Pia: »Was machen eigentlich die Barbarazweige?«

Auf die Zweige hat Clemens auch schon seit Tagen nicht mehr geachtet. Was, wenn nun schon einer aufblüht?

Zu Hause stürmen die Kinder direkt ins Wohnzimmer. Aber die Zweige stehen dürr und braun und absolut ohne jegliche Blüte in ihrer Vase.

»Na, ob die noch etwas werden?«, murmelt Clemens zweifelnd.

»Die werden noch«, sagt Tante Wilhelma zuversichtlich.

# 11. Dezember

Heute hat Pia wirklich Glück! Sie besucht nach der Schule ihre Schulfreundin Natalie. Natalie hat einmal in der Woche Reitunterricht. Und weil heute Freitag ist und Natalie reiten geht, hat Mama Pia Geld mitgegeben und sie darf mit Natalie reiten.

Oh, wie freut sich Pia! Sie hat den Reithelm dabei. Natalie leiht ihr eine alte Reithose.

Pia sieht sich im Spiegel an. Man sieht doch mit einer Reithose gleich ganz anders aus, findet sie.

»Man bekommt auch weniger wunde Stellen an den Beinen«, meint Natalies Mutter. »Und man hat besseren Halt im Sattel.«

Endlich geht es los. Pia läuft interessiert neben Natalie her und sieht sich um. Einige andere Mädchen stehen schon da und warten auf die junge Reitlehrerin. Die kommt nun aus dem Büro und schüttelt ihre langen, roten Haare. »Du bist Pia, nicht wahr? Du kannst Meerjungfrau nehmen. Die ist ganz lieb. Mit der wirst du gut zurechtkommen. Natalie, du nimmst heute Annabella. Du kannst deiner Freundin helfen, Meerjungfrau zu holen, zu striegeln und zu satteln.«

»Striegeln und satteln kann ich«, sagt Pia eifrig.

»Umso besser.« Die Lehrerin klatscht in die Hände. »Los geht's!«

Pia läuft neben Natalie her zur Weide hinter dem Stall. Dort stehen eine ganze Menge Pferde. Viel größer als Susi sind sie.

Aber sie sind ganz lieb. Meerjungfrau ist ein Fuchs, eine stämmige Fuchsstute, die sich leicht und willig führen lässt.

»Sie ist total gutmütig«, sagt Natalie. »Und meistens macht sie ganz von allein das Richtige.«

Pia striegelt das Pferd. Beim Sattelauflegen braucht sie Hilfe. Das Pferd ist so riesig! Die Trense wiederum lässt es sich ganz willig anlegen. Die Reitlehrerin hilft Pia auf das Pferd und stellt die Steigbügel ein. Dann kann es losgehen.

Zunächst sieht Pia etwas unsicher vom Pferd herab. Es ist so hoch! Viel höher als Susi!

Aber als die Pferde alle im Schritt in dieser eckigen Bahn gehen, da entspannt sich Pia nach und nach. Es ist einfach wunderbar, den Rhythmus des Pferdes unter sich zu spüren!

Und Meerjungfrau ist wirklich sehr lieb. Sie weiß anscheinend ganz genau, dass sie am besten immer genau das tut, was die Pferde vor ihr auch alle tun. Wenn das Pferd vor ihr einen Kreis geht – »Zirkel«, sagt die Reitlehrerin –, dann tut Meerjungfrau einfach dasselbe.

Fast wundert sich Pia, wie einfach es ist, zu reiten!

Als dann aber alle lostraben, da wird es Pia doch etwas unheimlich zumute. Das Pferd ist ziemlich hart und bewegt sich ständig auf und ab, sodass Pia irgendwann der ganze Po wehtut. Und schnell ist es!

Endlich, nach einigen Runden, parieren alle Pferde wieder zum Schritt durch. Die Reitlehrerin ruft einige Reiter in die Mitte, darunter auch Pia. »Alles klar?«, fragt sie.

Pia nickt. Nie würde sie zugeben, dass sie eben ein wenig Angst gehabt hat!

Die Pferde, die nun noch auf der äußeren Bahn reiten, die galoppieren jetzt alle. Das sieht vielleicht wild aus! Schnell sind sie, und dabei springen sie eher, als dass sie laufen. Pia ist froh, dass sie nicht auf einem davon sitzt!

Nach der Reitstunde sind Pias Hände aufgescheuert von den Zügeln, aber sie ist selig. So schön war es!

»Und? Wie fandest du es?« Natalie ist neugierig.

»Supertoll! Wie schade, dass ich das nicht regelmäßig haben kann!«

Auf dem Heimweg ist Pia schweigsam. Warum ist das Leben manchmal so ungerecht? Natalie darf reiten, sie nicht. Clemens darf sein Wunschhobby ausüben, sie nicht. Noch nicht einmal beim Fußball lassen die Jungen sie mitmachen. Und das, obwohl sie mit Kevin fast befreundet ist … Pia ist reichlich enttäuscht von ihm, das muss sie schon sagen.

Noch nicht einmal Gott hilft mir, denkt Pia traurig.

Obwohl … hat sie ihn eigentlich überhaupt darum gebeten?

Manchmal hat man gar keinen Mut, Gott um etwas zu bitten. Aus Angst, enttäuscht zu werden. Das kann vorkommen. Aber Pia, die hat es einfach vergessen. So ist das.

»Gott, bitte gib mir doch ein Pferd. Oder wenigstens die Möglichkeit, wieder zu reiten«, betet Pia. »Und wenn es geht, dann hilf doch, dass ich auch wieder Fußball spielen darf. Ach ja, und hilf bitte Clemens, dass das mit seinem Flöten klappt. Und dann, bitte, ich meine Entschuldigung, dass ich erst jetzt an dich denke.«

# 12. Dezember

Heute ist Samstag. Auf dem Sturmhof ist großes Planungstreffen. Am nächsten Wochenende soll hier wieder eine Weihnachtsfeier im Stall stattfinden – das ist eine große Veranstaltung, die braucht viel Vorbereitung.

»Wie sieht es mit Musik aus?«, fragt Frau Klaas.

»Pia und Clemens könnten wieder Flöte spielen.«

»Och nee!« Pia hat keine Lust.

Clemens sieht etwas enttäuscht aus. »Na, von mir aus«, sagt Pia.

»Vielleicht finden wir jemanden, der Gitarre spielt.«

»Ich werde Jacky fragen.«

»Gibt es auch wieder ein Krippenspiel?«

»Auf jeden Fall.«

»Darf ich wieder die Maria sein?« Pia mag es gerne, wenn sie die Hauptrolle spielt.

»Mal sehen. Ich denke ja. So viele Mädchen, die das unbedingt wollen, haben wir ja hier nicht. Möchtest du wieder Kevin fragen, ob er den Josef spielt?«

Pia zögert. Sie mag Kevin gut leiden und in letzter Zeit hat sie ihm oft bei den Hausaufgaben geholfen. Aber gerade jetzt ist sie ziemlich sauer auf ihn wegen des Fußballs. »Mal gucken.«

Prüfend sieht Mama sie an. »Wir können auch jemand anderen fragen.«

Pia zuckt mit den Schultern. »Ist schon gut.«

Während dieser Planungen hocken Desirée und ihre Freunde im Stall. Sie finden die Erwachsenengespräche ziemlich langweilig und draußen regnet es etwas. Da ist der Stall genau richtig.

Lorenz erzählt den anderen eine Gespenstergeschichte.

Desirée hört nur mit halbem Ohr zu. Sie weiß von Mama und Papa, dass es keine Gespenster gibt. Warum also sollte sie sich davor graulen?

Draußen fällt der Regen in langen, grauen Schnüren und die Riesenpfütze auf dem Hof wird immer riesengrößer.

Auch die Weide ist schon ganz feucht. Wahrscheinlich müssen die Tiere demnächst auf dem Paddock stehen – dort ist der Boden nicht so matschig, weil es einen Gitterboden gibt.

Desirée sieht auf die Weide hinüber. Da stehen die Tiere und haben unter der kleinen Baumgruppe Schutz gesucht. Daneben aber, auf der offenen Weide, stapft eine gebückte Gestalt umher, mit einem Eimer vielleicht, bückt sich immer wieder, stapft weiter.

»Da ist er!«, zischt Desirée.

»Wer? Das Gespenst mit der Eisenkette?« Aysel ist anscheinend vollständig in Lorenz' Geschichte gefangen.

»Der Verdächtige!« Verbrechen, die gibt es in Wirklichkeit, das weiß Desirée. Und diesen Mann, den gibt es auch. »Kümmert euch doch mal um die echten Sachen anstatt um eure dummen Gespenster!«

Alle drei Kinder schleichen sich zur Stalltür, die auf die Weide geht, und spähen hinaus.

Ja, da schleicht der Mann über die Weide – im Regen. Ab und zu bückt er sich. Vielleicht sammelt er etwas auf und tut es in seinen Eimer. Sehr, sehr merkwürdig.

»Wir könnten ihn fragen, was er da tut«, schlägt Aysel vor.

»Bist du verrückt?«, zischt Lorenz. »Wenn er ein Verbrecher ist, bringt er uns einfach um.«

»Meinst du?«

»Ach Quatsch. Er ist doch kein Mörder!«

Desirée späht zu dem Fremden hinüber. Wirklich, er sieht eigentlich ganz harmlos aus. »Er sieht normal aus«, stellt sie fest.

»Das sind die allerallergefährlichsten«, behauptet Lorenz.

»Was sollen wir bloß machen?«

Ratlos sehen die Kinder einander an. Aber als sie eine ganze Weile überlegt haben, ist der Mann verschwunden.

»Was machen wir jetzt?«

»Ach, ist doch egal. Wir werden ihn schon noch erwischen. Wir müssen eben wachsam und ganz, ganz vorsichtig sein …«

# 13. Dezember

Heute ist schon der dritte Advent! Ganz gemütlich frühstücken alle zusammen und die Kinder sehen immer wieder begeistert auf den schön geschmückten Tisch mit dem großen Adventskranz, an dem die drei Kerzen flackern. Besonders dem kleinen Ben scheinen sie es angetan zu haben, denn er sieht ganz fasziniert auf den Kranz und will schließlich danach greifen. Mama muss ihn auf den Schoß nehmen, damit nicht womöglich noch ein Unglück geschieht.

»Ich finde Sonntage toll«, seufzt Clemens und nimmt sich ein Stück von Tante Wilhelmas selbst gebackenem Honigkuchen. »Da hat man wenigstens Zeit und muss nicht direkt in die Schule.«

»Ich finde den ganzen Advent toll«, bemerkt Desirée. »Da kann man sich auf Weihnachten freuen.«

Nachdenklich sieht Pia von einem zum anderen. Clemens hat jetzt seine tolle neue Flötenstunde, auf die er sich freut. Morgen will Papa mit ihm und Frau Butterblom eine Altflöte kaufen fahren.

Desirée hat hier ihren Kindergartentrupp, mit dem sie herumzieht und spielt. Selbst Ben scheint sich hier unheimlich wohlzufühlen.

Nur bei Pia, da läuft im Moment alles schief. Sie kann nicht mehr reiten. Wie das mit dem Flöten jetzt wirklich weitergeht, kann man auch nicht wissen. Und diese Jungen lassen sie noch nicht einmal beim Fußball mitmachen. Für Kevin scheint sie vor allem als Hausaufgabenhelferin interessant zu sein.

Pia seufzt. Das Leben ist manchmal schwierig.

»Was hast du denn, mein Schatz?«, erkundigt sich Mama besorgt.

»Ach, nichts.« Pia weiß, dass sie jetzt Mama nicht anbetteln kann. Und helfen kann sie ihr ohnehin nicht.

»Du kannst Gott alles sagen«, bemerkt Desirée weise.

»Ja, ja. Weiß ich ja.« Pia findet es nicht so obercool, sich von ihrer jüngeren Schwester belehren zu lassen. Aber natürlich hat die Kleine recht. Pia nimmt sich fest vor, ihren ganzen Kummer nochmals Gott darzulegen. Wenigstens wird der ihr zuhören und sie verstehen.

»So, jetzt geht es aber los in die Kirche!« Onkel Theo klatscht in die Hände.

Schnell stehen auch die anderen auf. Pia und Clemens helfen der Mutter beim Abräumen.

Im Kindergottesdienst erzählt Frau Hauser heute mal wieder über Hirten. Im Kindergottesdienst wird häufiger über Hirten und Schafe gesprochen. Häufiger als nötig, findet Clemens. Und im Advent wird noch mal häufiger über Hirten und Schafe gesprochen. Eigentlich immer.

»Jesus ist unser guter Hirte«, sagt Frau Hauser.

»Ich weiß«, knurrt Clemens leise.

»Hirten hatten zur damaligen Zeit keinen guten Stand«, erklärt Frau Hauser.

»Wissen wir auch schon lange«, gähnt Arne.

»Ihr seid heute aber gelangweilt«, seufzt Frau Hauser.

»Du erzählst immer und immer dasselbe«, befindet Madeleine.

Frau Hauser sieht sie an. »Stimmt das?«

Verlegen nicken die Kinder.

»Was erzähle ich denn andauernd?«

»Immer dieselben Geschichten. Von Schafen und Hirten und Hirten und Schafen. Und dann immer, dass Gott uns lieb hat und auf uns aufpasst und dass wir brav sein müssen und dass wir dankbar sein sollen.«

Pia ist etwas unglücklich. Sie geht gerne in den Kindergottesdienst und sie mag Frau Hauser auch gerne. Die sieht richtig enttäuscht aus – oder vielleicht einfach nur nachdenklich?

»Echt, du machst den Kindergottesdienst richtig gut«, sagt sie, um Frau Hauser zu trösten.

Sofort stimmen die anderen Kinder mit ein.

»Ja, wir kommen gerne hierhin!«

»Du bist nett!«

»Ist uns egal, wie oft du dieselben Sachen erzählst!«

Frau Hauser lacht plötzlich. »Ihr seid alles ganz liebe Schätze! Ich freue mich, dass ihr gerne kommt. Trotzdem muss ich mir wohl mal ein bisschen mehr Abwechslung vornehmen.« Sie überlegt. »Das Problem ist vielleicht, dass es ein paar Sachen gibt, die ich so wichtig finde. Für mein Leben, aber eben auch für eures. Und die erzähle ich dann immer wieder.«

»Was sind das für Sachen?«, erkundigt sich Desirée neugierig.

Und auch Pia beugt sich vor. Es ist ja schon interessant herauszufinden, was jetzt genau Frau Hauser für so wesentlich hält, dass sie ununterbrochen von Hirten und Schafen erzählen muss.

Frau Hauser überlegt. »Also, einmal ist das die Tatsache, dass Gott genau zu uns kommt.«

»Ich bin aber kein Schaf«, lacht Benno.

»Nein, das bist du nicht. Obwohl – vielleicht doch …«

»Mäh!«, macht Benno.

Die Kinder lachen.

»Aber das ist etwas anderes. Jesus ist unser guter Hirte.

Was ich meinte, ist eben, dass Gott in diese Welt kommt, zu jedem von uns. Zu ganz normalen Leuten. Nicht nur in den Königspalast, nicht nur zu den Promis. Nicht nur in den Tempel – also zu den Superfrommen. Sondern zu ganz normalen Leuten. Zu einem Zimmermann, der jeden Tag arbeiten ging, um sein Geld zu verdienen. Zu einer jungen Frau, die ganz normal heiraten wollte und sich viele Kinder wünschte. Zu den Hirten, die vermutlich noch nicht einmal selber die Schafe besaßen, auf die sie aufpassten. Zu solchen Leuten kam er. Und zu solchen Leuten kommt er noch heute. Das finde ich total wichtig. Wir müssen nicht besonders toll sein oder super Leistungen bringen, damit Gott sich zu uns aufmacht.«

»Aber Maria war sehr fromm«, wendet Madeleine ein. »Sie sagte, dass sie des Herrn Magd ist und alles so sein soll, wie Gott es haben will.«

Frau Hauser lächelt. »Ja, du hast recht. Den zweiten Schritt müssen wir machen. Ich weiß nicht, was geschehen wäre, wenn Maria gesagt hätte: ›Ach nee, lieber nicht, ich trau mich nicht.‹ Oder was passiert wäre, wenn die Hirten vorsichtshalber bei ihren Schafen geblieben wären, statt zum Stall zu laufen. Zumindest hätten sie eine große Chance verpasst. Aber den ersten Schritt, den macht Gott. Weil er uns liebt. Vorbehaltlos. Ganz einfach so.«

Pia kichert. »Lustig, sich vorzustellen, was die Hirten alles hätten machen können. Stellt euch vor, sie wären wirklich schreiend weggelaufen.«

»Oder hätten Maria und Josef den Römern gemeldet.«

»Oder sie wären erst nach ein paar Tagen hingegangen.«

Den Kindern fällt eine Menge ein.

Frau Hauser lacht schon wieder. Dann lässt sie die Kinder die Geschichte der Hirten auf dem Feld weitererzählen.

»Damit nicht immer ich es bin, die immer dasselbe sagt«, meint sie schmunzelnd.

Und so erzählen heute die Kinder: Desirée von den Hirten, die immer auf die Schafe aufpassen mussten, sie vor wilden Tieren beschützten und sie zum Gras und zum Wasser brachten. »Wie Gott auf uns aufpasst«, fügt sie befriedigt hinzu.

Clemens berichtet davon, dass die Römer zu der Zeit Judäa besiegt hatten. »Überall waren römische Soldaten, und die Leute waren echt froh, wenn sie mal keinen sahen. Viele wünschten sich, dass irgendwann einmal ein großer Feldherr kommt und die Römer mit Gewalt hinauswirft.«

Madeleine erzählt von Maria, die so fromm war und sich sofort bereit erklärt hat, die Mutter des Heilands zu werden. »Auch wenn ihr das eine Menge Ärger einbrachte«, fügt sie hinzu.

Und Pia erwähnt noch, wie dann alles durcheinandergeriet, weil Maria ja schwanger war, als die Volkszählung kam.

Frau Hauser lacht. »Ein so langer Weg ist kein Vergnügen, wenn man schwanger ist. Ich war total fertig nach viel kürzeren Strecken, das könnt ihr mir glauben. Ich wundere mich kein bisschen, dass das Baby danach herauswollte.«

Die Kinder lachen. Und plötzlich sind sie bei einem ganz anderen Thema.

»Als mein kleiner Bruder kam, mussten wir zu den Nachbarn«, erzählt Madeleine. »Weil Papa auf Fortbildung war. Er ist ja zu früh gekommen, mein Bruder.«

»Aber wir haben Süßigkeiten bekommen bei den Nachbarn«, ergänzt Ron zufrieden.

»Als Ben geboren wurde, kam Tante Wilhelma zu uns«, berichtet Clemens. »Ich kannte das ja schon, dass Mama plötzlich nachts ins Krankenhaus musste, und morgens war dann nur Papa da. Danach kam Tante Wilhelma zu uns, und Papa fuhr ins Krankenhaus, aber da war Ben schon da. Bei Desirée ging es länger, da war Papa dabei.«

Stimmt, denkt Pia. Sie kann sich noch daran erinnern. Sie war nicht sehr begeistert gewesen, als Mama morgens nicht da war. Aber dann kam der kleine Bruder mit nach Hause und der war sooo süß! »Eigentlich könnten wir noch ein Baby gebrauchen«, überlegt sie laut.

Frau Hauser lacht schon wieder. »Das müsst ihr mit euren Eltern besprechen, nicht mit mir«, meint sie.

Zum Abschluss singen sie noch zusammen ganz viele Weihnachtslieder. Frau Hauser erinnert die Kinder daran, in dieser Adventszeit Licht zu verbreiten.

Pia aber denkt nach. Vielleicht wird ja jetzt doch alles gut. Zumindest viel besser, als es im Moment für sie ist. Manchmal ist das so im Leben, dass man eine Zeit lang sich nicht so gut fühlt. Aber Gott ist trotzdem da. Und manchmal wird hinterher alles besser.

# 14. Dezember

Heute ist Montag. Ganz selbstverständlich ist Kevin heute mit seinen Schulsachen erschienen, als sei es eine abgemachte Sache, dass Pia für seine Mathe-Hausaufgaben zuständig ist.

Er zeigt ihr die Aufgaben. Pia nickt. Dann lässt sie Kevin erklären, was er denn wohl meint, wie sie zu machen seien. Und ganz falsch ist seine Antwort immerhin nicht. Anschließend erklärt Pia Kevin, was genau er tun muss.

»Gibt es heute keine Kekse?«, fragt Kevin plötzlich mitten in Pias Ausführungen hinein.

Pia seufzt. »Lass mich zu Ende erklären. Wenn du dann angefangen hast, hole ich Kekse.«

Kevin hört brav zu. Dann beginnt er sofort, zu schreiben. Und Pia macht sich auf den Weg, die Kekse zu holen.

Später sitzt Pia da und sieht Kevin zu. Zügig macht er die Aufgaben. Anscheinend hat er die jetzt verstanden. Das ist auch Pias Verdienst, das ist ihr klar.

Ab und zu nimmt sich Kevin ein Plätzchen. »Die waren voll leicht«, erklärt er befriedigt, als er das Heft zuklappt.

Pia lacht.

»Und es ist voll nett, dass ich sie bei euch machen kann«, fährt Kevin fort. »Zu Hause sind sie viel schwieriger.«

»Weißt du, was ich voll nett fände?«, fragt Pia gedankenverloren.

»Was denn?«

»Wenn ihr mich mit Fußball spielen lassen würdet.«

»Das geht nicht«, murmelt Kevin. »Das geht einfach nicht. Dafür kann ich nichts. Ich täte dich echt mitspielen lassen. Wenn du ein Junge wärst …«

»Toll!«, sagt Pia böse. »Ganz toll! Und was sollten Mädchen deines Erachtens machen, wenn sie Fußball spielen wollen?«

»Mädchen machen andere Sachen. Sie reiten oder so.«

»Sehr witzig. Reiten würde ich auch gerne. Aber ich habe kein Pferd. Beziehungsweise wir haben Susi, aber die ist inzwischen zu klein für mich.«

»Ich kenne ein paar Leute hier im Dorf, die Pferde haben«, sagt Kevin nachdenklich. »Vielleicht lässt dich jemand reiten. Ich werde mal nachfragen.«

Ganz egal, ob das klappen wird oder nicht, ist das doch wieder nett von Kevin, findet Pia. Und sie geht noch eine Weile mit ihm auf dem Hof Fußball spielen.

Abends beim Abendessen beschwert sich Desirée: »Bei den blöden Barbarazweigen tut sich ja überhaupt nichts. Was soll denn daran spannend sein?«

Tante Wilhelma lacht: »Früher war die Sache noch viel spannender. Da befestigten junge Mädchen an den Zweigen die Namen ihrer Verehrer. Und wessen Zweig zuerst aufblühte, dachten sie, würde ihr Ehemann werden.«

Die Kinder lachen.

»Da könntest du ja Kevin auf deinen Zweig schreiben«, ruft Desirée.

Pia schnaubt durch die Nase.

»Und du Lorenz«, kommt Clemens seiner Schwester zu Hilfe.

Desirée findet den Gedanken interessant. »Und noch einen für Ron und einen für Benno …«

»So ein Blödsinn«, schließt Papa das Gespräch ab. »Es war ein lustiges Spiel, weiter nichts. Und jetzt sehen wir uns die Zweige mal genauer an. Bestimmt sind die Knospen schon angeschwollen.«

Alle laufen zur großen Bodenvase hinüber. Und tatsächlich: Papa hat recht. Die Knospen sind schon viel dicker geworden.

»Vielleicht wird es ja doch noch spannend«, staunt Desirée.

# 15. Dezember

Pia trödelt auf dem Heimweg vom Bahnhof nach Hause. Sie bleibt eine Weile an der Dorflinde stehen, die jetzt im Winter ganz kahl ist. Sie sieht ein paar Spatzen zu, die sich um einen Brotkanten balgen. Dann bleibt sie noch kurz vor der Anschlagtafel stehen.

Die Anschläge sind zum Teil uralt. Ein Schützenfest wird immer noch angekündigt, dabei hat das im Sommer stattgefunden – und die Kirmes ist auch schon Monate her.

Immerhin gibt es auch ein Plakat für den Basar und eins für die Weihnachtsfeier im Stall.

Und dann steht da noch etwas von einem Freundschaftsspiel der Fußballmannschaft von Kleinrotau gegen die Fußballjugend von Krieningen. Am 15. Dezember um 14.30 Uhr.

Hups, das ist ja heute!

Komisch eigentlich, dass Kevin gestern gar nichts davon erzählt hat! Er hat doch über Fußball geredet …

Pia schüttelt den Kopf. Jungen sind schon komisch.

Aber trotzdem: Ob sie da zugucken soll? Immerhin scheint das Spiel hier auf dem Platz stattzufinden. Eigentlich hat sie keine große Lust darauf. Zugucken, wenn man lieber spielen will, ist eine wirklich blöde Sache.

Andererseits kann man bei so einem Spiel ein paar Menschen, die einen anfeuern, ganz gut gebrauchen.

Also, sie will kein Spielverderber sein! Pia nimmt sich vor, sich das Freundschaftsspiel anzusehen.

Nun beeilt sie sich doch, nach Hause zu kommen. Zwischendurch kommt ihr übrigens schon Kevin entgegen, im Trainingsanzug.

»Wir haben gleich ein wesentliches Fußballspiel!«, erklärt er wichtig. »Kommst du gucken?«

»Hast du deine Hausaufgaben gemacht?«, fragt Pia stirnrunzelnd. »Und zu Mittag gegessen?«

»Beides nicht«, erklärt Kevin grinsend. »Fußball ist wichtiger.«

»Komm doch mit zu uns« schlägt Pia vor. »Da kannst du beides noch machen. Das Spiel beginnt um halb drei. Bis dahin hast du noch fast zwei Stunden.«

»Einverstanden.« Kevin lässt sich leicht überreden, wie meistens, wenn es ums Essen geht. Er läuft direkt nach Hause, um seinen Ranzen zu holen.

Pia beeilt sich währenddessen, nach Hause zum Sturmhof zu kommen. Vielleicht ist es doch besser, Mama anzukündigen, dass auch Kevin zum Mittagessen kommt.

Aber Mama ist lieb. Als Pia ihr sagt, dass der Junge noch nicht gegessen und keine Hausaufgaben gemacht hat, brät sie ein weiteres Würstchen, und Kevin bekommt dazu noch Nudeln und gesunden Salat.

»Salat brauch ich nicht«, erklärt er da allerdings und will seine Portion großmütig an Pia abgeben.

»Salat ist für Sportler besonders wichtig«, erklärt Mama ihm. »Er enthält sehr viele Vitamine.«

Da nimmt sich Kevin doch noch seinen Salatteller und isst ihn ratzeputz leer.

Danach stellt Mama den Kindern Apfelstücke und Mandarinen hin und Pia und Kevin machen sich an ihre Hausaufgaben.

Pia arbeitet schnell und geübt, der Junge murmelt immer wieder vor sich hin und schimpft auch schon einmal los, wenn irgendetwas nicht klappt. Und obwohl er viel weniger aufhat als Pia, braucht er länger als sie. Aber immerhin: Er ist ganz allein mit seinen Aufgaben fertiggeworden und hat kaum Fehler gemacht.

»Du wirst immer besser«, sagt Pia anerkennend.

Kevin zuckt mit den Schultern. »Hier bei euch schon. Aber zu Hause klappt es gar nicht. Und in der Schule …« Er zuckt noch mal die Schultern.

Sein Blick fällt auf die Küchenuhr. »Ups, ich muss gleich weg. Wir haben ein wichtiges Freundschaftsspiel, verstehst du? Da darf ich nicht fehlen! Die letzten Male haben die aus Krieningen uns immer kalt erwischt. Diesmal zeigen wir es ihnen!« Kevin ballt die Faust und grinst. »Ich lass den Ranzen hier stehen und sause los! Bis dann!«

Pia sieht ihm hinterher. Sie packt erst ordentlich ihren Ranzen, dann zieht sie sich ebenfalls einen Trainingsanzug an.

Langsam schlendert sie zum Bolzplatz hinüber. Dort stehen schon eine Menge Kinder versammelt. Natürlich alles Jungs. Das heißt: Stimmt ja gar nicht. Die Mannschaft, die sich dort schon warm macht, mit Hüpfen und Dehnen und Laufen, zu der gehören auch zwei Mädchen. Eine sehr burschikose, mit kurzen Haaren und rauem Ton. Eine andere mit zwei roten Zöpfen.

Kevins Mannschaft hingegen macht sich nicht warm, sondern steht eher missgelaunt herum.

Was da wohl schiefgelaufen ist? Pia geht langsam zu den Jungen hinüber. »Was ist denn mit euch los?«

»Nicht genügend Leute«, nuschelt Kevin. Dann aber starrt er Pia plötzlich an. »Du spielst doch Fußball, oder?«

Pia nickt zögernd. Was hat der Junge vor?

Kevin fasst sie an der Hand, wie er es so oft mit seiner kleinen Schwester macht, und zerrt sie zu Mario hinüber, der die Mannschaft eigentlich leitet und nun finster brütend neben einem der Tore steht und mit dem Handy telefoniert.

»He, Mario, ich hab dir noch einen Spieler organisiert!«

Mario zieht die Augenbrauen hoch. »Ein Mädchen?«

Kevin zuckt mit den Schultern. »Kann sie doch nichts dafür, oder?«

»Okay. Wir lassen sie heute mitspielen.« Plötzlich scheint Mario etwas einzufallen und er lacht. »Ist eigentlich gar nicht so dumm. Mädchen-Tore zählen nämlich doppelt.«

Mit einem Mal steht Pia mitten in der Mannschaft. »Das ist Dennis. Das ist Bernd, unser Torwart. Das ist Raul. Und das ist Pia. 'ne Freundin von mir.«

»Ach Tomate, die kennen wir doch. Die wohnt doch auf dem Sturmhof.«

Mario überzählt die Mannschaft. »Es hilft nichts, Jungs. Wir stellen uns auf. Immerhin haben wir gleich genügend Spieler. Mike ist schon am Ortseingang. Es kann nur keiner ausgewechselt werden.« Er steckt das Handy in die Tasche. »Los geht's!«

Und so kommt es, dass Pia, genauso überraschend für sie selber wie für die anderen, plötzlich für die Kleinrotauer Mannschaft auf dem Bolzplatz steht. Nach der Begrüßung kommt der Anpfiff. Das Spiel beginnt.

Früher hat Pia Fußball in der Mädchenmannschaft gespielt, aber seit einem Jahr eigentlich gar nicht mehr. Und so fühlt sie sich am Anfang etwas unsicher. Es scheint ihr auch, als ignorierten die Jungen sie einfach. Das sieht in der gegnerischen Mannschaft anders aus. Die Mädchen dort werden genauso oft angespielt wie die Jungen.

Pia will sich schon ärgern, da steht Kevin wieder einmal mit dem Ball da, ohne dass ein Abnehmer da ist. Außer Pia, die halbwegs frei vor dem Tor steht. Pia sieht ihn an.

Und mit einem gezielten Pass befördert Kevin ihr den Ball genau vor die Füße. Damit haben wohl selbst die Gegner nicht gerechnet. Pia überlegt nicht lange und lässt den Ball im Kasten landen.

»Wow!«, hört sie Mario vom Feldrand rufen. »Ein Mädchen-Tor!«

Kevin klatscht Pia ab, die anderen Jungen rufen ebenfalls anerkennend. Von diesem Zeitpunkt an wird Pia angespielt. Sie vergibt ein paar Torchancen, aber sie schießt auch noch ein weiteres Tor und am Ende gewinnt ihre Mannschaft ganz knapp mit fünf zu vier.

Die Kinder fallen sich jubelnd um den Hals. »Hey, die ist meine Freundin!«, erklärt Kevin mit unverhohlenem Stolz.

»Spielst du nächste Woche wieder mit?«, will Mario wissen. »Es wäre cool, wenn wir dich ab jetzt einplanen könnten.«

Pia nickt strahlend. »Ja, ab nächster Woche komme ich immer.«

Kevin reckt die Faust in die Luft. »Und wem habt ihr das zu verdanken? Nur mir!«

# 16. Dezember

Desirée und ihre Freunde haben sich in die Sattelkammer zurückgezogen. Hier ist es warm und gemütlich und die Erwachsenen stören einen nicht andauernd.

Aysel hat eine Tüte mit Kalburabasti mitgebracht, einem süßen Gebäck, das ihre Mutter manchmal herstellt. Es schmeckt sehr lecker und die Kinder bedienen sich reihum.

»Ich freue mich auf Weihnachten«, seufzt Desirée.

»Ich auch«, erklärt Lorenz. »Ich bekomme einen Computer.«

»Ich freue mich auch auf Weihnachten«, meint Aysel.

»Du? Du bist doch Muslima.«

»Tsss.« Aysel lacht. »Aber wir feiern auch. Wir backen was Leckeres und schenken uns etwas.«

Desirée wird das dumpfe Gefühl nicht los, dass für ihre Familie Weihnachten mehr bedeutet als Backen und Schenken. Sie will gerade davon erzählen, dass Weihnachten doch Jesus Geburtstag hat, da fesselt etwas anderes ihre Aufmerksamkeit.

»Da ist er wieder«, flüstert sie. »Er schleicht sich wieder an die Wiese heran.«

»Wir müssen etwas tun!« Jetzt sind auch Lorenz und Aysel nicht mehr an Weihnachtsgesprächen interessiert. Jetzt sind sie auf Verbrecherjagd!

»Wir klettern auf den Baum und dann auf den Schuppen. Von dort haben wir die beste Aussicht«, schlägt Lorenz vor und ist auch schon unterwegs. Gefolgt von den beiden Mädchen, verlässt er die Sattelkammer und dann den Stall durch das große Tor, das für die Tiere offen steht. Seitlich neben dem Stall steht ein Kirschbaum mit knorrigen Ästen.

Mit ein paar schnellen Bewegungen ist Lorenz auf dem untersten Ast, klettert weiter hoch und sitzt schließlich auf dem Stalldach. »Kommt auch!«, raunt er. »Von hier aus hat man eine prima Aussicht!«

Aysel und Desirée sehen sich an. »Dürfen wir das?«, fragt Aysel schließlich.

Desirée nickt überzeugt. »Ist doch unser Stall.«

Sie setzt sich ebenfalls in Bewegung. Ganz so einfach, wie es bei Lorenz aussah, findet sie die Kletterei nun gerade nicht. Aber schon bald sitzt auch sie oben auf dem Dach. Es knarrt etwas, wenn sie sich bewegt. Misstrauisch sieht Desirée hinunter. »Meinst du, das hält?«

»Na klar. Wir sind doch nicht dick.«

Also klettert Aysel auch noch hinauf. Nebeneinander machen die drei Kinder es sich auf dem Dach bequem, so gut es geht.

Lorenz reckt den Hals. »Da hinten ist er.«

»Wo?«

»Na da, am Apfelbaum!«

»Hier steht überhaupt kein Apfelbaum«, erklärt Desirée kategorisch. »Welchen Baum meinst du?«

»Na, den da hinten!«

»Ich sehe nichts.« Desirée muss sich weit nach links beugen, um den Mann schließlich ebenfalls zu entdecken. »Ach, da ist er. Aber was macht er? Es sieht aus, als sammle er etwas vom Boden auf.«

»Was?«

»Kann ich nicht erkennen.«

Nun ist es Lorenz, der versucht, etwas zu entdecken. Er beugt sich ebenfalls nach links, über Desirée hinüber.

»Lass das!«, faucht Desirée. »Du tust mir weh!« Sie schubst Lorenz ein bisschen.

»Hau mich nicht!«, knurrt der und schlägt Desirée auf die Hand.

Desirée versucht, seine Hand festzuhalten. Es gibt eine richtige Rangelei auf dem Dach. Aysel haut Lorenz, der schlägt um sich und trifft Desirée, die daraufhin den Halt verliert und sich an Aysel festhält, die aufschreit und nach Lorenz greift, der seinerseits den Halt verliert.

Er versucht noch, sich an der Regenrinne festzuhalten, doch die bricht ab und mit einem lauten Knacken rutschen alle drei Kinder vom Dach, Lorenz mit den Einzelteilen der Regenrinne in der Hand.

»Ah!«, schreit Aysel auf.

»Mama!«, ruft Desirée.

Doch es kommt nicht Mama. Es kommt der fremde Mann, der vielleicht ein Verbrecher ist. Er eilt herbei, mit etwas steifen Schritten. »Kinder!«, ruft er entsetzt. »Ist euch etwas passiert?«

Er beugt sich zu Desirée hinunter. Die steht auch schon wieder auf. »Nein, mir geht es prima«, sagt sie etwas beschämt.

Lorenz setzt sich auch schon wieder auf. »Uns ist allen nichts passiert«, erklärt er keck. »Außer vielleicht meiner Hand.« Er reibt sich verstohlen das Handgelenk.

»Zeig mal her!«, fordert der fremde Mann ihn auf. Er ist schon älter, er könnte glatt schon ein Opa sein.

Lorenz zieht die Hand zu sich heran. »Nein, lieber nicht.«

Auch Aysel will jetzt aufstehen, doch sie knickt sofort wieder um. »Au«, jammert sie. »Mein Fuß!«

Der Fremde hockt sich neben sie auf den Boden. Ohne Umstände öffnet er ihren Schuh, zieht ihn aus, zieht ihr auch den Socken aus und tastet den Fuß ab. Aysel jammert leise.

»Du hast wahrscheinlich Glück gehabt«, sagt der Mann kopfschüttelnd. »Das sieht mir nur nach einer Verstauchung aus. Trotzdem solltest du mit deiner Mutter zum Arzt gehen, damit der den Fuß röntgen kann.«

Er sieht Desirée an. »Kannst du vielleicht die Mutter der kleinen ... wie heißt du eigentlich?«

»Aysel.«

»... der kleinen Aysel benachrichtigen?«

Desirée nickt. Dann saust sie los. »Bleib du bei Aysel!«, ruft sie Lorenz noch zu. Zum Glück ist es ja nicht weit bis nach Hause – schließlich sind sie vom eigenen Stalldach geplumpst.

Ganz außer Atem kommt Desirée zu Hause an. »Mama! Es ist etwas passiert. Aysel ist vom Stalldach gefallen und Lorenz auch und ... ich auch. Und ihr tut der Fuß weh. Und der Verbrecher sagt, ich soll ihrer Mutter Bescheid geben!«

Stirnrunzelnd hört die Mutter ihr zu. »Was für ein Verbrecher? Und was habt ihr auf dem Stalldach gemacht?«

Trotzdem ist sie schon unterwegs, das Handy schnappt sie sich im Vorbeigehen noch von der Anrichte und steckt es ein.

Nachher geht alles ziemlich schnell. Mama telefoniert Onkel Theo herbei, der telefoniert Aysels Mutter herbei. Die ruft ihren Mann an, der ist aber auf der Arbeit und kann nicht weg.

Onkel Theo schnappt sich Desirée und Lorenz und kocht ihnen in der Küche einen heißen Kakao. Mama fährt mit Aysel und ihrer Mutter zum Arzt.

Währenddessen fragt Onkel Theo Desirée aus, was eigentlich passiert sei.

»Wir haben einen Verbrecher verfolgt«, weint Desirée. »Dabei sind wir vom Dach gefallen.«

»Na, da habt ihr ja Glück gehabt, dass der alte Doktor Scheufgen vorbeigekommen ist«, meint Onkel Theo kopfschüttelnd. »Der konnte die Lage richtig einschätzen und dafür sorgen, dass die kleine Aysel zum Arzt kommt.«

Desirée sagt lieber nichts. Der alte Doktor Scheufgen? Das muss der Verdächtige sein. Plötzlich ist sich Desirée nicht mehr so sicher, dass ihr Verdächtiger wirklich ein Verbrecher ist. Aber was hat er dann die ganze Zeit über auf der Wiese gemacht? Das muss doch herauszubekommen sein!

# 17. Dezember

Auf dem Weg zur Flötenstunde geht Pia heute alles Mögliche durch den Kopf. Es ist ihre letzte Flötenstunde, so ist das. Eigentlich hat das Flötespielen Spaß gemacht. Aber ab Januar wird sie in die Flötengruppe der Kirchengemeinde hier gehen. Ein paar der Kinder dort kennt sie schon.

Und sie darf jetzt endlich in der Fußballmannschaft mitspielen.

Pia hat mit Tante Wilhelma Plätzchen für Frau Butterblom, die Flötenlehrerin, gebacken. Als kleines Abschieds- und Weihnachtsgeschenk.

Clemens wiederum lächelt still vor sich hin. Heute hat er noch mal mit Pia zusammen Unterricht. Sie werden die Stücke für die Weihnachtsfeier im Stall noch einmal durchgehen. Zu Weihnachten bekommt er die Altblockflöte. Und dann geht die Musik erst richtig los!

Frau Butterblom übt heute wirklich noch einmal kräftig mit den beiden. Sie verabschiedet sich herzlich von Pia und freut sich über die Plätzchen. Und ganz schnell ist die Flötenstunde vorbei.

Pia und Clemens laufen nach unten zum Parkplatz, wo Onkel Theodor mit dem Auto wartet. Und schon geht es nach Hause.

»Könnt ihr eure Stücke?«, fragt Onkel Theo.

Die Kinder nicken. Ja, sie können das, was sie übermorgen vorspielen müssen.

Zu Hause geht Clemens die Stücke trotzdem noch einmal durch. Vorsichtshalber.

Pia legt die Flöte vorsichtig auf den Schreibtisch und läuft nach draußen.

Kevin ist da, auf dem Hof. Er wartet auf Pia.

»Hey«, sagt er lässig.

»Hey.«

»Komm mit. Ich hab 'ne Überraschung für dich.«

Pia wundert sich. Was wird Kevin schon für eine Überraschung haben? Ein Fußballspiel?

Kevin macht sich schon auf den Weg, während Pia noch schnell Mama Bescheid gibt. Dann läuft sie hinter ihm her.

Kevin führt sie durch das Dorf. Na ja, toll. Was soll hier schon los sein? »Hier wohnt ein Onkel von mir«, sagt Kevin. »Mein Großonkel.« Er weist auf ein Eckhaus.

»Ja und?«

»Warte es ab.« Kevin tut ein wenig geheimnisvoll. Er geht durch den Vorgarten auf das Einfamilienhaus zu. »Er wohnt hier. Hinter dem Haus hat er einen kleinen Garten«, berichtet er, während er auf die Klingel drückt.

»Kevin?«, ertönt krächzend eine Stimme aus der Sprechanlage.

»Ja. Wir sind es.«

Ein älterer Herr öffnet. Irgendwie kommt er Pia bekannt vor, aber sie kann ihn nicht recht einordnen.

»Onkel Klaus, das ist Pia. Die Pia, die jetzt bei Willi und Theo auf dem Sturmhof wohnt. Sie weiß noch gar nichts.« Kevin grinst breit über das ganze Gesicht, so als ob er etwas ganz Tolles angezettelt hätte.

Der Herr, also Onkel Klaus, sieht Pia aufmerksam an. »So, du reitest also gerne.«

Pia nickt langsam. Jetzt fällt es ihr wieder ein. Ist das nicht der alte Herr vom Ponyreiten? »Aber unser Shetty ist zu klein geworden. Das heißt: Ich bin zu groß geworden.«

»Hättest du denn Lust, regelmäßig für ein Pferd zu sorgen und es zu reiten?«

»Ich? Ja klar! Aber wie soll das gehen? Meine Eltern erlauben das nie!«

Kevin gluckst vor Vergnügen. »Irrtum. Die erlauben das voll.«

»Wir sind, glaube ich, ein bisschen unfair«, stellt der alte Herr fest. »Wir sollten deine Freundin mal einweihen. Pass auf, Pia: Ich bin früher viel geritten und habe lange ein Pferd gehabt. Hier habe ich nicht so richtig die Möglichkeit dazu und bei kaltem und nassem Wetter machen meine Knochen das Reiten auch nicht mehr mit. Wenn ich aber jemanden hätte, der sich das Pferd mit mir teilt, könnte ich mir schon eines anschaffen, oder?«

Pia reißt die Augen auf. Sie sieht zu Kevin hinüber, der immer noch strahlt, als sei er mindestens der Weihnachtsmann persönlich. »Hab ich cool eingefädelt, oder?«, sagt er.

»Onkel Klaus hat dieses Pony gekauft. Ein großes Pony, auf dem auch Erwachsene reiten können. Es steht bald bei euch auf dem Sturmhof. Und du kannst es reiten und seine Köttel wegmachen und es putzen und was du alles willst. Und wenn es meinem Onkel danach ist, reitet er es auch und macht die ganzen anderen Sachen, die ihr alle so toll findet.«

Pia hält den Atem an. »Stimmt das wirklich?«

Onkel Klaus nickt. »Und wenn du willst, können wir jetzt mit dem Auto schon einmal zu Bimbo fahren und ihn ansehen. Dein Onkel Theo kommt mit, ich muss ihn nur kurz anrufen.«

»Bimbo?«

»So heißt der Gaul, Mann!« Kevin lacht schon wieder.

Pia kann ihr Glück kaum fassen. Kevins Onkel telefoniert kurz; wenig später klingelt es und Onkel Theo steht mit seinem Auto vor der Tür. Alle steigen ein und dann geht die Fahrt in eines der Nachbardörfer.

»Bimbo ist schon über 15 Jahre alt, aber noch total fit«, erzählt Onkel Klaus. »Bernd Schreiber, sein Besitzer, kann sich nicht mehr um ihn kümmern, deshalb hat er jemanden gesucht, der ihn kauft und bei dem es ihm gut geht. Als er hörte, dass Bimbo auf den Sturmhof kommen soll, war er sofort einverstanden.«

Der Besitzer des Pferdes ist ein Mann ungefähr in Papas Alter. »Ich habe einfach zu viel zu tun, um das Pferd noch genug zu bewegen«, erzählt er, während er die Besucher zur Weide führt. »Aber vielleicht komme ich ihn mal besuchen. Er kommt ja nicht so weit weg.«

Pia läuft neben Kevin her. »Wie hab ich das eingefädelt?«, fragt er immer wieder.

Pia sieht ihn an. »Du hast das gemacht?«

Kevin lacht. »Onkel Klaus lag mir in den Ohren, weil er sich einsam fühlt ohne Pferd. Du lagst mir in den Ohren, weil du nicht reiten kannst. Da dachte ich mir, guckst du mal, wie du beides zusammenbekommst. Ich hab erst mal Theo angesprochen. Der meinte, das lässt sich machen, wenn alles passt. Ich also zu Onkel Klaus. Der hatte gerade von Bernd und seinem Gaul hier gehört. Passte alles prächtig. Ich wieder zu Theo. Den Rest kannst du dir denken.«

Jetzt aber hat Pia keine Zeit mehr, Kevins Ausführungen zuzuhören. Denn jetzt sind sie an der Weide angelangt. Drei Pferde stehen dort, ein Schecke, ein Rappe und ein beigefarbenes Pferd – ein Falbe.

»Bimbo ist der Falbe«, erklärt Bernd Schreiber.

Dann zieht er einen Apfel aus der Tasche. Die Pferde sehen auf, alle drei.

»Die wissen schon, dass sie manchmal Leckerchen bekommen«, amüsiert sich Onkel Klaus.

Und tatsächlich kommen alle drei Pferde herbei.

Herr Schreiber streichelt Bimbo den Kopf und gibt dann Pia den Apfel. »Hier, den mag er gerne.«

Pia streichelt nun ebenfalls das Pferd und hält ihm dann den Apfel vor das Maul. Mit seinen weichen Lippen nimmt Bimbo den Apfel auf und zermalmt ihn. Die Hälfte fällt herunter und schnell ist der Schecke zur Stelle und schnappt sich die Reste.

Bimbo sieht Pia an. Die streichelt ihn wieder. Er hat ein ganz weiches Fell.

»Er ist ziemlich ruhig«, sagt Herr Schreiber. »Er ist 16 Jahre alt, also nicht mehr der Allerjüngste – aber man kann sicher noch eine Menge Spaß mit ihm haben.«

»Hooo«, sagt Onkel Klaus mit tiefer Stimme und sofort wendet sich Bimbo ihm zu.

Onkel Klaus lächelt. »Du weißt, an wen du dich halten musst, nicht wahr? Das ist Pia und das bin ich.«

Er nickt Herrn Schreiber zu. »Können wir vielleicht den Sattel auflegen? Dann kann Pia schon einmal eine Proberunde auf dem Pferd drehen.«

Herr Schreiber holt den Sattel und die Trense.

»Und? Wie findest du ihn?«, fragt Onkel Klaus Pia leise.

»Er ist total süß!« Pia ist begeistert.

Und da kommt auch schon Herr Schreiber. Er sattelt den Wallach und legt ihm das Zaumzeug an.

Pia darf aufsteigen. Am Anfang führt Herr Schreiber das Pferd eine Weile, dann darf Pia selber eine Runde über die Wiese drehen. Ganz lieb läuft Bimbo eine Runde. Dann bleibt er einfach stehen und beginnt zu grasen.

»He, weiter!«, ruft Pia und versucht das Pferd mit den

Schenkeln anzutreiben. Doch Bimbo stört das nicht. Er steht und frisst.

Wie peinlich! Pia sieht, wie die beiden Herren zu ihr hinüberblicken. Noch einmal treibt sie das Pferd an. Das geht unlustig einen Schritt und frisst dann wieder.

Pia treibt und treibt. Mit einem Mal steht Herr Schreiber neben ihr. »Das bekommst du schon noch hin«, sagt er ruhig. »Er ist ein bisschen verfressen. Am besten übst du zuerst nicht gerade auf einer frischen Weide mit ihm.« Er fasst Bimbo ins Zaumzeug und führt ihn ein paar Schritte weit, dann lässt er ihn wieder los.

Pia nutzt die Gelegenheit und treibt wieder an. Nun geht Bimbo seine Runde weiter, ganz brav, bis sie wieder bei Onkel Klaus und Kevin sind.

Und als Pia dann vom Pferd absteigt, kann sie ihr Glück noch gar nicht fassen!

# 18. Dezember

»Sag mal, Pia, machst du jetzt eigentlich mit Kevin zusammen wieder Maria und Josef? Ich meine auf der Adventsfeier im Stall? Hast du es dir überlegt?«

»Total vergessen«, murmelt Pia. »Aber ich kann Kevin ja mal fragen.« Sie hat ohnehin Lust, zu Kevin und seinem Onkel hinüberzugehen. Sie muss doch fragen, wie das jetzt mit Bimbo weitergeht!

Desirée hockt derweil unlustig auf der Fensterbank.

»Magst du nicht ein bisschen draußen spielen?«, schlägt Mama vor. »Ab morgen soll es schneien; nutze doch die Gelegenheit.«

»Keine Lust«, murmelt Desirée. Seitdem Aysel den Fuß kaputt hat, ist sie schlecht aufgelegt. Und Lorenz ist auch nicht mehr vorbeigekommen.

Clemens hingegen sitzt noch an den Hausaufgaben.

»Du spielst morgen mit Pia eure beiden Flötenstücke«, erklärt Mama ihm. »Außerdem wirst du ein Weihnachtsgedicht vortragen.«

Clemens öffnet den Mund, um zu widersprechen.

»Wir üben das gleich noch zusammen«, erklärt Mama abschließend. »Soll ich dich die Vokabeln abfragen?«

»Ja gern.«

Clemens holt sein Englischbuch. Mama nimmt Ben auf den Schoß und beginnt Clemens abzufragen.

Ben hört ganz interessiert zu, findet Clemens.

»Wann wird er eigentlich richtig sprechen?«, fragt Clemens.

Mama lacht. »Du hast spät gesprochen, deine Schwestern früh. Mal sehen, wie es dein kleiner Bruder hält.«

In dem Moment klingelt es.

Mama steht seufzend auf. »Wer ist denn das schon wieder?«

Lorenz steht vor der Tür. »Kann ich mit Desirée spielen?«

Mama nickt.

Und schon hat Desirée doch Lust, draußen zu spielen.

Sie zieht sich Stiefel, Jacke und Mütze an und geht mit Lorenz hinaus. »Was machen wir jetzt?«, fragt sie unternehmungslustig.

»Wir könnten … ach nein … ohne Aysel ist es irgendwie auch blöd.«

Es hat inzwischen angefangen, leicht zu nieseln.

Desirée bekommt ein nasses Gesicht. »Wollen wir wieder in den Stall?«

»Okay.«

Die beiden setzen sich auf einen Strohballen. »Was bekommst du zu Weihnachten?«, erkundigt sich Lorenz.

»Weiß ich doch nicht. Es ist ja noch nicht Weihnachten«, stellt Desirée fest.

»Glaubst du etwa noch an den Weihnachtsmann?«

»Ach Quatsch. Aber meine Eltern verraten uns doch nicht vorher, was wir bekommen!« Sie überlegt. »Doch, Clemens bekommt eine neue Flöte. Weil die so teuer ist. Und weil Frau Butterblom mit einkaufen gegangen ist. Deshalb wissen wir das alle schon.«

»Ich habe mir einen PC gewünscht. Und den bekomme ich auch«, erklärt Lorenz siegessicher.

»Brauche ich nicht. Ich lasse mich sowieso lieber überraschen.«

Aber Lorenz hört gar nicht mehr zu. Er starrt durch die Tür auf die Weide. »Da ist er schon wieder.«

»Wer?«

»Der Verbrecher.«

»Dieser Doktor? Ich glaube nicht, dass er ein Verbrecher ist. Er hat Aysel geholfen.«

»Dann kann er aber trotzdem ein Verbrecher sein. Ein Dieb zum Beispiel. Meine Oma hat mir von jemandem erzählt, der musste immer klauen, ob er nun wollte oder nicht. Er war krank im Kopf.«

»Meinst du wirklich?«

»Er will eure Tiere klauen – warum würde er sonst immer auf der Weide herumschleichen?«

»Ich weiß nicht …«

»Sollen wir die Polizei rufen?«

»Na hör mal! Wir haben doch keinen Beweis!«

»Wir können ihn beobachten.«

»Aber nicht wieder vom Dach aus.«

»Aber von hier aus.«

»Na, von mir aus.«

So bleiben die beiden Kinder eine ganze Weile im Stall hocken, um zu beobachten, was der Fremde wohl auf der Wiese tut. Aber der geht bloß hin und her, bückt sich ab und zu, hebt etwas auf und sammelt es in seinen Eimer und geht dann wieder. Eigentlich langweilig, findet Desirée. »Wir könnten ins Haus gehen.«

»Und was sollen wir dort?«

»Kekse essen. Und ein Weihnachtsgeschenk für Aysel basteln.«

Im Wohnzimmer sitzen die beiden dann eine Weile zusammen und basteln Engelchen aus Tonkarton. Vorher aber muss Desirée Lorenz noch die Barbarazweige erklären. Bei einigen sind die Knospen schon richtig dick – aber aufgeblüht ist noch keine.

»Woher wissen die Zweige denn, dass es Weihnachten wird?«, erkundigt sich Lorenz misstrauisch.

Desirée zuckt mit den Schultern. »Keine Ahnung. Aber bestimmt klappt es.«

# 19. Dezember

Heute fährt Pia mit Onkel Klaus und Onkel Theodor und Kevin zusammen einkaufen. Den Sattel können sie von Herrn Schreiber übernehmen, das hat Onkel Klaus schon geregelt. Aber es muss noch eine Trense mit Gebiss und Zügel her, dann ein Halfter samt Führstrick und natürlich Putzzeug.

»Und eine Pferdedecke«, zählt Onkel Klaus auf, »Pferdeleckerchen, Hufauskratzer, Lederfett …«

»Ganz schön teuer, der Spaß«, stellt Kevin mit Kennermiene fest. Aber er hat trotzdem Spaß daran, mitzukommen und mit auszusuchen.

Kurz darauf stehen sie im Reitsportgeschäft und sehen sich um. Lustigerweise gibt es hier nicht nur Pferde- und Reitartikel, sondern auch alles für den Hund und die Katze. Sogar Kaninchenställe und Hirserispen für Wellensittiche kann Pia entdecken. Gar nicht so leicht ist es, zu finden, was sie hier eigentlich suchen.

»Zunächst brauchen wir Zaumzeug«, stellt Onkel Klaus fest.

»Die Trense mit den Strasssteinchen würde ihm bestimmt gut stehen«, meint Pia.

Onkel Theo sieht bedenklich drein, doch Onkel Klaus kauft die Trense.

Das Gebiss sucht er aber selber aus. Zügel kauft er mit Einteilungen, dann sei das Pferd leichter zu reiten, meint er. Eine Schabracke muss noch her und dann Pferdeleckerchen.

Kevin sieht sich interessiert in dem Laden um. Er bestaunt Katzenspielzeug und Futter für allergiekranke Hunde.

»Meine Güte«, sagt er. »Die Viecher haben es ja zum Teil besser als die Menschen.«

»Wieso?«

Kevin weist auf ein Sofa für kleine Hunde, einen Hundebuggy und einen Adventskalender für Katzen.

»Ein eigenes Plüschsofa habe ich jedenfalls nicht«, bemerkt er.

Pia sieht ihn an. »Ich auch nicht.«

Beide lachen. Aber irgendwie hat Kevin recht, findet Pia. Manche der Sachen hier sind mehr als überflüssig. Was zum Beispiel soll eine Katze mit einem Adventskalender? Leckerchen kann man ihr auch so geben; und vom Advent wird sie wohl kaum etwas verstehen: dass Gott die Menschen retten will und daher selber zu ihnen kommt. An Weihnachten.

Inzwischen haben die Herren alles zusammengesucht, was sie brauchen, und Onkel Klaus bezahlt.

Die Einkäufe werden eingepackt und es geht wieder nach Hause.

»Wann kommt Bimbo zu uns?«, fragt Pia aufgeregt.

»Am 23. Dezember. Das ist nicht mehr lange.«

Ein komischer Advent ist es diesmal, denkt Pia. Mit ihrer aller Versuch, Licht in die Herzen anderer Menschen zu bringen. Das ist ihr nicht so gut geglückt, findet Pia und ist frustriert.

Aber dann die Sache mit Bimbo. Voll überraschend.

Und die Barbarazweige. Sind die eigentlich inzwischen aufgeblüht? Pia wird gleich noch mal nachschauen.

# 20. Dezember

Der vierte Advent ist heute und das ist ja nun eigentlich aufregend genug. Am Adventskranz brennt die vierte Kerze, am Adventskalender hängen nur noch ein paar einzelne Päckchen, und der Tannenbaum liegt gut verschnürt neben der Scheune auf der Wiese.

»Nicht auf die Weide«, hat Desirée besorgt gesagt. »Da knabbern der Esel und die anderen Tiere ihn an.«

Ihre Geschenke haben die Kinder schon fertig und eingepackt. Und Plätzchen über Plätzchen haben sie auch gebacken.

Heute Vormittag fahren sie alle in die Kirche, sogar Tante Wilhelma kommt mit. Frau Hauser spricht mit den Kindern über das Weihnachtslicht. »Habt ihr alle es geschafft, ein Licht für andere Menschen zu sein?«, fragt sie.

Pia ist sich da nicht so sicher, wenn sie es sich überlegt. Aber die anderen Kinder erzählen begeistert, wie sie ihrer Mutter beim Abwasch oder einer Frau über die Straße geholfen haben.

Zum Schluss schenkt Frau Hauser jedem Kind eine kleine Taschenlampe. Zu Weihnachten und als Erinnerung daran, dass wir ein Licht in der Welt sein sollen.

Nach der Kirche müssen die Rothmanns schnell wieder fort. Warum? Heute findet die Weihnachtsfeier im Stall statt!

Und für die haben alle zwar schon seit Tagen Vorbereitungen getroffen – trotzdem gibt es noch Einiges zu tun.

So essen alle zu Mittag schnell von dem Milchreisauflauf, den Tante Wilhelma morgens schon vorbereitet hat. Dann beeilen sich Pia und Clemens, mit Papa in den Stall zu kommen.

Desirée und die langsam eintrudelnden Dorfkinder helfen Mama, die Plätzchen auf Tellern anzurichten, während Tante Wilhelma Waffeln über Waffeln backt.

Als Kevin auftaucht, stibitzt er zuallererst einen Keks.

Desirée sieht ihn missbilligend an. »He du, die sind für die Gäste.«

»Ich hab noch nicht gegessen«, erklärt Kevin kauend. »Und ich spiele den Josef. Da muss ich bei Kräften sein.«

Da schmiert ihm Mama ein Butterbrot.

»Am Anfang habe ich mich geärgert, dass ihr nach hier gezogen seid«, erklärt Kevin kauend. »Aber inzwischen find ich es cool. Zu euch kann man immer hinkommen.« Er überlegt. »Und in der Schule bin ich auch voll gut geworden. Inzwischen bekomme ich die normalen Hausaufgaben auf.«

»Das freut mich. Das freut mich wirklich«, sagt Mama. »Aber das hast du eher Pia zu verdanken als mir, oder?«

Kevin nickt. Er hat sein Brot aufgegessen, und als er sieht, dass nicht noch mehr kommt, geht er Pia und Clemens suchen.

Ja, und nun kommen auch schon die ersten Gäste.

»Meine Güte«, meint Mama kopfschüttelnd. »Die kommen ja noch früher als letztes Jahr.«

Und tatsächlich strömt jetzt alles herbei. Onkel Theodor beginnt, die Leute einzuweisen. Dabei hat er seinen Liebling Ben auf dem Arm.

Tante Wilhelma stellt die Dorfkinder jetzt an, Waffeln auf Teller zu verteilen. Mama kocht Kaffee und Kakao.

Papa und Pia bringen noch schnell die Tiere in den Stall.

»Du, hör mal«, sagt Kevin zu Pia. »Das Krippenspiel – geht das genau wie letztes Jahr?«

»Ich glaube ja.« Pia sieht an sich herunter. »Ich muss mich noch schnell umziehen. Und du hast dein Kostüm auch noch nicht an!«

Die beiden Kinder laufen ins Wohnhaus hinüber. Dort hat Mama schon die Kostüme bereitgelegt. Während sie Pia den blauen Mantel umlegt, meint sie noch: »Ich werde diesmal immer wieder Pausen lassen, damit ihr auch etwas sagen könnt. Ihr habt am letzten Heiligabend so wunderbar zusammengespielt …«

Pia und Kevin sehen sich an.

Na prima, denkt Pia. Kevin kennt die Weihnachtsgeschichte noch nicht einmal richtig. Das wird etwas Tolles werden!

Aber dann müssen sie auch schon hinüber in den Stall. Der ist mittlerweile rappelvoll mit Leuten. Anscheinend sind noch mehr gekommen als im letzten Jahr.

»Nächstes Jahr müssen wir ins Dorfhaus ausweichen«, murmelt Kevin.

»Dann ist es keine Weihnacht im Stall mehr«, widerspricht Pia. Aber Kevin hat recht. Die Leute sitzen und stehen ziemlich eng.

Mama hält eine kleine Ansprache, dann muss Pia mit Clemens ein Flötenstück spielen.

Eine Gruppe von Kindergartenkindern singt ein Weihnachtslied. Desirée, Marie-Rosa und noch ein paar andere Kleine tanzen einen Tannenbaumtanz.

Madeleine sagt ein kleines Gedicht auf.

Onkel Theo erzählt, wie er früher Weihnachten gefeiert hat. Dann sagt Clemens sein Gedicht auf und es folgt wieder Musik.

Endlich kommt der Höhepunkt, das Krippenspiel.

Wie im letzten Jahr erzählt Mama die Weihnachtsgeschichte. Aber diesmal kommen viel mehr Leute darin vor. Dennis tritt als Bote des Kaisers Augustus auf. Ganz viele Kindergartenkinder stehen um ihn herum und hören ihm zu, darunter als einzige Große Kevin und Pia.

»Oh Josef, was tun wir bloß?«, sagt Pia in die entstehende Pause hinein.

»Hab keine Angst«, sagt Kevin. »Ich sorg dafür, dass dir nichts passiert. Ich pass echt auf dich auf.«

Dann darf sich Pia auf den Esel Bileam setzen. Clemens hat eine Mütze auf dem Kopf und spielt eine Art Eselsführer. Kevin geht neben dem Grautier her. Und Mama erzählt, wie Maria und Josef die weite Reise nach Bethlehem hinter sich bringen. »Dabei erlebten sie bestimmt eine ganze Menge«, sagt sie.

Kevin nickt. »Ja, wenn da die Räuber kommen, dann haue ich denen eine runter. Paff, peng! Und wenn wir kein Wasser mehr haben, gehe ich welches suchen, in der Wildnis. So ist das!«

Mama lächelt. »Ja, das sehen wir alle, wie gut Josef hier auf seine Maria aufpasst. Und dann kommen sie endlich in Bethlehem an.«

Hier taucht nun Clemens auf, diesmal als Wirt, mit zwei anderen Kindern. »Wir haben leider nichts mehr frei«, bescheidet er. »Tut uns echt leid. Wir würden so einer Frau mit dickem Bauch schon gerne einen Platz frei machen. Aber wir können ja nicht die Gäste aus den Zimmern schmeißen. Das müsst ihr wohl verstehen.«

»Leiht uns ein Zelt«, fordert Kevin. »Oder wenigstens euren Wohnwagen.«

Clemens schaltet schnell. »So etwas haben wir nicht. Aber einen hübschen, kleinen Stall. Den könnten wir euch zur Verfügung stellen, wenn das in Ordnung für euch ist.«

Gnädig nickt Kevin, nimmt Pia am Arm und führt sie zur Seite.

Mama spricht noch ein paar Schlussworte, dann gibt es Kekse und Waffeln.

»Wie war ich?«, fragt Kevin, noch im braunen Mantel, eine Waffel kauend.

Und Pia sagt voller Überzeugung und ohne Übertreibung: »Du bist ein super Josef!«

# 21. Dezember

Desirée ist schrecklich aufgeregt. Bald ist Weihnachten! Heute Morgen ist der erste Schnee gefallen. Die Kinder im Kindergarten ziehen sich alle ihre Schneehosen an und laufen hinaus. Einige machen Schnee-Engel in den Schnee.

Aysels Schneehose war wohl nicht dicht, denn sie ist hinterher ganz nass. Sie sitzt im Schnee und weint. Da geht Desirée mit ihr wieder hinein.

Sie ziehen sich beide um und legen zusammen ein Puzzle. Darauf ist eine Landschaft mit Schnee abgebildet.

»Schön ist das«, sagt Aysel, als das Puzzle fertig ist.

»Zum Ansehen ist Schnee schöner als zum Spielen«, bemerkt Desirée nachdenklich. »Zumindest, wenn die Matschhose undicht ist.«

»Manche Sachen sind zum Ansehen besser als zum Selberhaben«, stellt Aysel fest.

»Was denn?«

»Schlechtes Wetter bei einem Ausflug. Ich hab mal einen Film gesehen, da kam das vor. Das war total lustig. Alles war nass. Der Picknickkorb, die Kleidung, alles. Aber in echt will ich das nicht haben.«

»Und Einbrecher. In Kinderfilmen kommen immer Kinder vor, die Detektiv spielen müssen. Aber in echt ist es nicht lustig, sondern nur blöd.«

Detektiv spielen! Da fällt Desirée der Einbrecher wieder ein. Mit etwas schlechtem Gewissen sieht sie Aysel an. Immerhin hat die durch das Spiel Schmerzen gehabt und einige Zeit nicht richtig auftreten können.

»Ja, das war blöd mit deinem Fuß«, sagt Desirée. »Aber ich will doch wissen, was das für ein komischer Typ ist, der da immer über unsere Weide geschlichen ist. Das muss man doch irgendwie herausbekommen können.«

»Ich verfolge ihn nicht mehr«, erklärt Aysel kategorisch. »Erstens ist es blöd und zweitens habe ich es meiner Mutter versprochen.«

»Wir könnten die Sache meiner Mutter erzählen«, sagt Desirée eifrig. »Dann kann sie die Polizei rufen. Was hältst du davon?«

Nach dem Kindergarten setzt Desirée ihren Plan um. Während sie an Mamas Hand nach Hause geht, erzählt sie von dem fremden Mann, der immer wieder auf der Weide herumschleicht.

»Er sieht sich immer um und er sammelt Sachen auf, in einen Eimer«, erklärt sie eifrig.

Mama sieht tatsächlich etwas bedenklich drein. »Ein fremder Mann? Auf unseren Weiden? Das kommt mir komisch vor. Kannst du ihn mir genauer beschreiben?«

Desirée versucht sich zu erinnern. »Er ist groß. Er ist alt, denn er hat graue Haare. Und er hat eine Jacke an.«

»Kind, Kind … Graue Haare haben diverse Männer, auch Onkel Theodor zum Beispiel. Und eine Jacke? Wer geht denn bei diesem Wetter ohne Jacke vor die Tür?«

»Ich kann ihn dir zeigen, wenn er wieder bei uns herumläuft. Er kommt fast jeden Tag. Ich lege mich auf die Lauer im Stall, und wenn er da ist, dann hole ich dich«, schlägt Desirée vor.

Auch darüber ist Mama nicht ganz glücklich. Aber sie willigt schließlich ein. »Du bleibst aber im Stall. Du sprichst keine Fremden an. Du bist auch nicht unfreundlich oder unhöflich. Vielleicht ist der Mann ganz harmlos.«

Desirée denkt nicht, dass der Mann harmlos ist. Aber sie will ohnehin nicht mit ihm in Streit geraten. Hilfe, mit einem erwachsenen Mann! Also hockt sie sich kurz darauf wieder in den Stall und wartet. Aber heute kommt niemand mehr. Desirée wartet und wartet, bis schließlich Clemens sie zum Abendessen holt.

Schrecklich spannend tut er übrigens. »Tante Wilhelma will uns etwas zeigen!«

»Was denn?« Desirée ist frustriert. So lange hat sie im Stall gesessen – ganz umsonst und vergeblich.

»Nach dem Essen.«

Nach den leckeren Nudeln hat Desirée schon ganz vergessen, dass noch etwas gezeigt werden sollte. Aber dann führt ´Tante Wilhelma alle ins Wohnzimmer – und da wird Desirée klar, was passiert ist: Ein Barbarazweig ist aufgeblüht!

»Meiner! Meiner!«, ruft sie und schubst Ben beiseite, der auf seinen kurzen Beinchen mal wieder im Weg steht.

Jammernd fällt Ben auf seinen dicken Windelpopo. Clemens nimmt ihn auf den Arm und schleppt ihn mit ins Wohnzimmer. Tatsächlich: Einer der Zweige in der Vase ist aufgeblüht! Aufgeregt hopst Desirée auf und ab. »Meiner!«, ruft sie wieder.

»Immer mit der Ruhe«, brummt Papa. »Wir können ja nachsehen auf den Schildchen.«

Pia hockt sich vor der Vase nieder. »Der Zweig ist …« Sie kichert. »Der Zweig ist von Ben.«

Alle sehen auf den Kleinen, der nun auf Pia zustapft.

»He, Ben, was wünschst du dir für einen Kuchen?«, fragt Pia den kleinen Bruder.

»Ku-en«, wiederholt der ernsthaft.

Da müssen alle lachen. Bens erstes Wort ist »Kuchen«!

# 22. Dezember

Heute ist der letzte Schultag vor den Ferien. Pias Klasse macht eine Wichtelaktion. Jedes Kind hat ein kleines, nett eingepacktes Geschenk mitgebracht. Diese Geschenke werden nun verlost.

Pia hat einen kleinen Kalender mitgebracht. Mama hat ihn gekauft. »Einen Kalender kann man immer gebrauchen«, hat sie gesagt.

Pia hätte den Kalender gerne selber. Es sind Tierkinder darauf abgebildet. Wer weiß, was sie bekommt …

Aber es hilft nichts. Die Sachen werden ausgelost.

Jan bekommt einen Kugelschreiber. Er sieht nicht sehr glücklich aus.

Kim bekommt eine Kerze. Noch schlimmer.

Und als Yvonne ein Deo auspackt, wird es furchtbar peinlich.

Frau Maibaum unterbricht das Spiel und sieht ernst in die Runde. »Was meint ihr eigentlich, wozu diese Wichtelei gut ist?«

Schweigen macht sich in der Klasse breit. Dann meint Jan mit einem Mal: »Um seinen Müll loszuwerden.«

Die ganzen Jungen kichern los. Jungen sind manchmal so was von albern, das wusste Pia schon immer.

Frau Maibaum findet die Sache nicht lustig, das merkt man. Sie sieht in Richtung von Jan, der den Witz gemacht hat. »Warum verschenkt man denn überhaupt an Weihnachten etwas? Etwa, um seinen Müll loszuwerden?«

»Damit die Kinder nicht meckern.«

»Damit die Frau einem nicht wegläuft.«

»Damit man selber auch etwas bekommt.«

Heute ist der Wurm drin, das merkt man. Jeder überlegt sich etwas noch Abgedrehteres, damit alle über seinen Kommentar lachen.

Pia beißt sich auf die Lippen. Frau Maibaum tut ihr leid und außerdem findet sie es wirklich blöd, wenn so über Weihnachten geredet wird. Pia mag Weihnachten. Sie mag die Spannung davor, den feierlichen Heiligabend. Hat nicht Mama immer gesagt, Weihnachten sei der Geburtstag von Jesus? Keiner würde es wohl mögen, wenn andere so über seinen Geburtstag sprechen!

Pia schüttelt den Kopf.

»Was wolltest du sagen, Pia?«, fragt Frau Maibaum.

Pia wird rot. Sie hat sich geärgert. Aber sagen hat sie eigentlich nichts wollen, wenn sie ehrlich ist.

Jetzt kann sie natürlich nicht mehr zurück. »Weihnachten denken wir daran, dass Jesus für uns geboren wurde«, sagt sie langsam. »Darüber freuen wir uns. Und weil wir diese Freude weitergeben wollen, machen wir Geschenke.«

Frau Maibaum nickt. »Das hast du sehr schön gesagt, Pia. Ich hatte gedacht, dass mit der Wichtelaktion hier auch etwas Freude verteilt werden kann. Auf die Art, wie es nun gelaufen ist, scheint mir der Versuch gescheitert zu sein. Ich bitte also alle, die bereits ein Geschenk erhalten haben, es in diesen Sack hier zurückzustecken. Ich werde mir über die Ferien überlegen, was ich mit den Geschenken anstelle. Jedenfalls können wir sie so nicht austeilen.«

Jetzt kommt doch ein großer Protest von den Kindern. Und am lautesten genau von denen, die vorher so albern waren. Aber Frau Maibaum bleibt streng. Die Geschenke werden allesamt im Sack gesammelt und weggeschlossen.

Pia ist traurig.

Frau Maibaum sagt, dass sie auch traurig ist und dass

deshalb die Weihnachtsfeier jetzt aufhört. Die Kinder können ihre Sachen einpacken und dann still jeder für sich etwas lesen.

»Wissen Sie eigentlich, dass das Diebstahl ist?«, fragt Jan frech.

Aber Frau Maibaum sieht ihn nur streng an, da hält er lieber den Mund.

Als Pia später in der Eisenbahn sitzt, ist sie immer noch traurig. Das Fest fängt ja wahrhaftig nicht gut an. Mit einer total verpatzten Schulweihnachtsfeier. Und da soll man sich auf Heiligabend freuen?

Pia muss aufpassen, dass sie nicht weint. Im Zug, vor den ganzen Leuten. Nein, wie das Leben manchmal so blöd sein kann …

Noch nicht einmal Clemens hat sie bei sich, um ihm alles zu erzählen. Clemens hat eine Stunde länger Schule als Pia, er kommt erst mit dem nächsten Zug. Sie lehnt den Kopf gegen die Scheibe.

Da hört sie plötzlich eine bekannte Stimme: »Na, Kleine? Bist du traurig?«

Pia sieht auf. Das ist Frau Klaas aus dem Dorf. Pia kennt sie vom Krippenspiel und von den Dorffesten.

»Vor Weihnachten musst du nicht traurig sein. Da musst du dich freuen«, sagt Frau Klaas lächelnd.

Pia schiebt die Unterlippe vor. »Manchmal ist man auch vor Weihnachten traurig. Da kann man nichts dafür.«

»Hattest du Ärger in der Schule?«

Pia nickt. Und dann erzählt sie.

Frau Klaas schüttelt lächelnd den Kopf. »Das war ganz schön dumm von deinen Klassenkameraden. Und ärgerlich für die Lehrerin und die Mitschüler, die schön haben feiern wollen. Aber davon solltest du dir trotzdem Weihnachten nicht verderben lassen. Sieh mal: Jetzt hast du Ferien! Zwei Wochen ohne Schule und ohne ärgerliche Jungs in der Schule. Kommst du morgen zur Krippenspielprobe? Kevin meinte, vielleicht spielst du mit ihm zusammen wieder die Maria. Ihr beide habt das im letzten Jahr so schön gemacht.«

Sie schweigt einen Moment. »Für Kevin ist es ein großes Glück, dass ihr hierhergezogen seid. Weißt du das?«

»Wieso?«

»Er gibt sich neuerdings Mühe bei den Hausaufgaben. Die Lehrerin hat seiner Mutter gesagt, dass er vielleicht doch auf die Realschule kann, wenn er so weitermacht.«

»Oh.« Pia freut sich. »Aber ich hab den Eindruck, er ist nicht gerade begeistert, wenn ich beim Fußball auftauche.«

»Ich glaube, das will er nur nicht zeigen. Letztens hat er furchtbar mit dir angegeben. Weil er mit dir befreundet ist und du Tore schießt und so. Mach dir nichts draus, wenn er mal ruppig ist. Bei ihm zu Hause geht es auch ruppig zu. Er weiß schon, was er an dir hat.«

Pia lächelt. Vielleicht hat Frau Klaas recht. Und vielleicht ist sie, Pia, ja doch ein Licht gewesen in dieser Adventszeit. Für Kevin zum Beispiel. Eigentlich ist das Leben doch schön, oder?

»Und morgen kommt das Pferd«, erinnert sie sich und strahlt.

Mit einem Mal ist sie wieder froh. Sie hat so viel, worauf sie sich freuen kann!

# 23. Dezember

Nur noch ein Tag bis Weihnachten! Heute Nachmittag ist Krippenspielprobe und da wollen auch in diesem Jahr Desirée und Pia mitmachen. Clemens hat keine Lust; er wird einfach so in den Weihnachtsgottesdienst gehen. »Es muss auch Zuschauer geben«, erklärt er ruhig.

Vormittags aber sind die Kinder unbeschäftigt. Clemens liegt auf seinem Bett und hört Musik. Pia sitzt am Küchenfenster und sieht ungeduldig in das Schneetreiben hinaus, das pünktlich zu Weihnachten eingesetzt hat. Sie wartet auf Kevin und Onkel Klaus – und auf das Pferd Bimbo. Das soll heute hierhergebracht werden und Pia ist so furchtbar gespannt, wie alles klappen wird! Wird sich Bimbo mit Susi, Bileam und dem Lama vertragen?

Desirée hat sich währenddessen dicke Kleidung übergezogen. Sie hat beschlossen, eine ganze Schneemannfamilie zu bauen. Und zwar auf der Weide. Dort ist sie Onkel Theo nicht beim Schneeschieben im Weg.

Desirée und ihre Freunde stehen also, in dicke Jacken, Schals, Mützen und Handschuhe gepackt, hinter dem Stall und rollen Kugeln. »Das gibt die ganzen Bäuche«, stellt Desirée befriedigt fest.

»Haben wir genug?«, keucht Lorenz.

Desirée zählt. »Fünf Stück? Das reicht noch nicht. Die Schneemannfamilie muss größer werden. Mindestens acht Leute. Oder noch mehr.«

Und so rollen die drei Kinder weiter.

Sie haben schon eine ganze Weile gespielt und die Bäuche sind mittlerweile fertig, als sie plötzlich ein Auto vorfahren hören.

»Wer kommt denn da? Bekommt ihr Besuch? Einen Tag vor Weihnachten?«, wundert sich Aysel.

»Das ist der Weihnachtsmann«, flüstert Lorenz. »Oder das Christkind.«

Desirée schüttelt den Kopf. »Bei euch piept es wohl.« Sie überlegt. »Keine Ahnung. Wir können weitermachen. Sonst bekommen unsere Schneeleute keine Köpfe mehr. Und Köpfe sind doch ziemlich wichtig, finde ich.«

Immer wieder sehen Lorenz und Aysel neugierig auf, aber wie meistens hören sie doch auf Desirée.

Aysel plappert fröhlich vor sich hin. Sie erzählt davon, wie ihre Mutter sie verwöhnt hat, als sie mit dem Fuß nicht auftreten konnte. »Und mein Papa hat mir Süßigkeiten mitgebracht«, berichtet sie gerade.

Aber Lorenz hört ihr nicht zu. »Da ist er wieder«, flüstert er atemlos. »Auf dem Hof.«

»Wer?«

»Der Verbrecher.«

Verwundert sieht Desirée auf. Hat die Mutter ihr nicht gesagt, sie soll ihr Bescheid geben, wenn etwas ist, anstatt Dummheiten zu machen?

Desirée weiß nicht, was genau jetzt eine Dummheit wäre – aber der Mutter Bescheid geben, das wird sie jetzt tun. Und zwar sehr schnell.

»Macht ihr hier weiter, damit er nichts merkt«, flüstert sie ihren Freunden zu. »Ich laufe meine Mutter holen!«

Sie sprintet los, soweit der Schnee das erlaubt.

Schnell hat sie den Hof erreicht. Hastig sieht sie sich um. Wo ist die Mutter? Desirée reißt die Haustür auf. »Mama!«, ruft sie. »Er ist wieder da! Komm schnell!«

Mit Ben auf dem Arm tritt die Mutter aus der Küche. »Wer ist da?«

»Der fremde Mann, der immer über unsere Weiden läuft!«

»Oh!«

Mama geht in die Küche zurück. Dort steht Tante Wilhelma und rührt in einem Kochtopf. »Kannst du mal kurz den Kleinen nehmen?«

Schon streckt Ben der Tante seine Arme entgegen.

»Ja klar. Komm, Schätzchen, du kannst mir kochen helfen!« Tante Wilhelma drückt Ben einen Kochtopf und einen hölzernen Löffel in die Hand und setzt ihn auf den Boden. Der Kleine beginnt sofort, zu rühren und dabei einen ziemlichen Lärm zu verursachen.

Mama kommt mit Desirée nach draußen, die schon ziemlich ungeduldig von einem Bein auf das andere tritt. Viel zu lange dauert ihr die ganze Aktion!

Jetzt muss die Mutter sich noch Stiefel anziehen … Was, wenn der Mann inzwischen schon wieder fort ist?

Endlich tritt Mama aus dem Haus. Desirée sieht sich um. Komisch, dass ihr das jetzt erst auffällt: Da steht ein Pferdetransporter mitten auf dem Hof!

Mama zögert.

Desirée regt sich auf. Klar, jetzt, wo sie den Verdächtigen endlich haben, kümmert sich Mama um sonst wen, nur nicht um ihn! Desirée packt Mama am Ärmel. »Komm mit! Da hinten an der Weide ist er!«

Etwas unwillig schüttelt die Mutter ihre Hand ab. »Jetzt lässt du mich erst einmal die Leute hier begrüßen. Das gebietet wirklich die Höflichkeit. Immerhin werden wir mit Herrn Scheufgen demnächst häufiger zu tun haben – wo er doch sein Pferd hier in Pension gegeben hat!«

Gerade jetzt scheint sich allerdings niemand richtig um Mama und Desirée zu kümmern.

Pia steht mit ihrem unvermeidlichen Kevin neben dem

Anhänger. Natürlich. Pia mag Pferde, und wenn hier ein Pferd ausgeladen wird, steht sie dabei.

Gerade führt ein fremder Mann ein beigefarbenes Pferd aus dem Hänger. Er klopft ihm den Hals, dann gibt er das Halfter weiter an …

»Mama! Das ist er! Der, der jetzt das Pferd hält!« Desirée stupst Mama in die Seite.

Mama runzelt die Stirn. »Kind, das ist Herr Scheufgen. Der stellt jetzt sein Pferd bei uns unter und Pia darf es reiten. Der darf hier herumlaufen.«

Sie geht mit ein paar schnellen Schritten auf Herrn Scheufgen zu. »Herzlich willkommen auf dem Sturmhof«, sagt sie und gibt ihm die Hand.

Desirée sperrt den Mund auf. »Aber warum …«

Mama lächelt Herrn Scheufgen zu. »Darf ich Ihnen meine Tochter Desirée vorstellen? Nicht ganz so pferdeverrückt wie Pia, aber dafür besonders aufgeweckt. Ich glaube, Sie kennen sie schon …«

Desirée wird rot. Sie findet es ziemlich unfair von Mama, sie auf diese Art vorzustellen.

Herr Scheufgen lächelt. »Ja, ich denke. Du warst doch bei diesen Kindern, die vom Stalldach gepurzelt sind. Was habt ihr da eigentlich gemacht?«

»Wir haben Sie beobachtet«, murmelt Desirée fast unhörbar.

Aber Herr Scheufgen scheint ein ausgezeichnetes Gehör zu haben. »Beobachtet? Wieso denn?«

Desirée starrt auf ihre Füße. Was soll sie diesem Mann jetzt sagen?

»Die Kinder haben Sie für einen Einbrecher gehalten«, erklärt Mama ruhig.

Wie peinlich! Desirée merkt, wie sie rot wird.

»Aber warum das denn?« Herr Scheufgen sieht verwundert aus.

Desirée muss jetzt etwas sagen, das ist klar. »Sie sind immer so herumgeschlichen. Und Sie haben Sachen gesammelt. Auf unserer Wiese«, erklärt sie trotzig.

Herr Scheufgen lacht. »Ich habe Pferdeäpfel gesammelt, für meine Rosen. Rosen lieben Pferdeäpfel als Dünger.«

»Oh.« Die Sache ist Desirée jetzt noch viel peinlicher als vorher. Pferdeäpfel als Dünger! Die darf man bestimmt sammeln. Womöglich hatte dieser Herr Scheufgen sogar Onkel Theo um Erlaubnis gefragt.

»Und der fremde Briefkasten? Ich meine, wir haben … gesehen … wie Sie anderen Leuten etwas in den Briefkasten … gesteckt haben …« Unglücklich sieht das Mädchen zu dem Mann auf.

Herr Scheufgen schmunzelt. »Anscheinend ist unser Postbote manchmal ein wenig schusselig. Ich habe immer wieder Post von Leuten aus der Nachbarstraße mit derselben Hausnummer bei mir im Briefkasten. Die gebe ich dann einfach weiter.«

Desirée schluckt.

Nun kommt auch noch Pia dazu. »Kommst du, Onkel Klaus?«, fragt sie. »Wir wollen doch Bimbo zu Susi und den anderen stellen.«

Onkel Klaus oder wie er nun auch heißen mag, nickt Pia zu. »Ich komme sofort. Ich habe nur noch kurz etwas zu erledigen.« Er wendet sich Desirée zu und reicht ihr die Hand. »Ab jetzt wollen wir Freunde sein, in Ordnung? Und wenn dir etwas komisch vorkommt oder du etwas nicht verstehst, dann gehst du nicht auf Einbrecherjagd und fällst vom Dach, sondern du sprichst mit deiner Mutter darüber. Einverstanden?«

Desirée nickt. Was für ein Glück, dass dieser Onkel Klaus ihr nicht böse ist!

Er lächelt ihr zu und geht dann hinter Pia her zur Weide.

# 24. Dezember

Heiligabend! Heute wachen die Kinder schon aufgeregt auf.

Pia ist als Allererste wach, und als sie angezogen ist und sieht, dass Mama das Frühstück noch nicht fertig hat, läuft sie noch ganz schnell zu Bimbo hinüber, um ihm einen guten Morgen zu wünschen.

Es ist erstaunlich, wie gut er sich über Nacht schon eingelebt hat. Er steht in einer geräumigen Einzelbox und beschnuppert sich mit Susi, die neugierig ihren Kopf zu ihm hochreckt. Als Pia kommt und ihn leise ruft, sieht er auf. Ob er etwa Pia schon kennt?

Schnell streichelt Pia ihn und gibt ihm die Möhre, die sie extra dafür mitgebracht hat. »So, mein Junge«, sagt sie leise. »Jetzt muss ich aber frühstücken. Sonst gibt es Ärger, weißt du?«

Schnell kehrt sie ins Haus zurück. Dort sitzt inzwischen auch schon Clemens in der Küche. Kein Wunder, er ist eigentlich immer eher ein Frühaufsteher. Onkel Theo kommt gerade herein, dann Tante Wilhelma. Mama hat inzwischen den Tisch gedeckt. »Soll ich dir noch schnell helfen?«, bietet Pia an.

»Ach ja, wenn du den Brötchenkorb noch auf den Tisch stellst … und dann fehlen uns noch ein paar Sachen aus dem Kühlschrank …«

Schnell sucht Pia die Sachen zusammen.

Onkel Theo gießt den Kaffee in die Thermoskanne um. »Warst du schon bei Bimbo?«, fragt er lächelnd.

Pia nickt.

»Und wie geht es ihm?«

»Ich glaube gut. Susi und er haben anscheinend über die

Abtrennung hinweg schon Freundschaft geschlossen. Und er hat mich angesehen, als ich ihn gerufen habe.«

Onkel Theo lächelt. »Das ist doch schon einmal ein guter Anfang. Dann können wir sie schon bald zusammenlassen. Bei dem Wetter wirst du ihn nicht gut reiten können; wir wollen ja nicht, dass er ausrutscht. Aber wenn du ihn striegelst und ihm die Hufe auskratzt und vielleicht einmal mit ihm spazieren gehst, lernt ihr euch auch immer besser kennen.«

Bei dem gemütlichen Frühstück wandern Pias Gedanken immer wieder zu »ihrem« Pferd hinüber.

Clemens hingegen ist, wie meistens morgens, schon ziemlich wach. Er diskutiert mit Onkel Theo die Frage, wer wann den Weihnachtsbaum schmückt, wann es wohl die Bescherung gibt und ob eigentlich Tiere auch Weihnachtsgeschenke brauchen.

Mama, Papa und Tante Wilhelma klären alle möglichen organisatorischen Dinge.

Lange sitzen sie zusammen, bis endlich Papa in die Hände klatscht: »So, meine Lieben! Es ist Heiligabend! Jetzt geht es aber mal los! Wer hilft wem?«

Pia meldet sich sofort dazu, Onkel Theo bei der Stallarbeit zu helfen. Clemens möchte lieber Tante Wilhelma zur Hand gehen, die in der Küche kocht und backt. Mama zieht sich ins Weihnachtszimmer zurück.

Papa grinst. »Ich habe den besten Job. Ich kann mich ausruhen, bis die Kleinen wach sind.«

In dem Moment hört man Ben rufen. Da müssen die Kinder lachen und Papa zieht eine lustige Grimasse. »Okay, dann lege ich mal los!«

Der Vormittag vergeht wie im Flug. Kevin und seine kleine Schwester tauchen auf, weil ihnen zu Hause langweilig ist. Daraufhin darf Kevin mit bei den Tieren helfen, während Stina mit Papa, Desirée und Ben spielt.

»Immer werden die Kleinen bevorzugt«, mault Kevin.

Pia lacht. »Findest du? Ich helfe lieber im Stall, als stundenlang im Haus zu spielen.«

Onkel Theo nickt Kevin zu. »Wenn wir hier fertig sind, gehen wir uns im Haus stärken. Immerhin haben wir dann gearbeitet.«

Plötzlich ist Kevin ganz eifrig. »Gab bei uns noch kein Frühstück«, nuschelt er.

Und als man hinterher erlebt, wie Kevin und Stina beim Stollen zulangen, glaubt man ihm unbesehen, findet Pia.

Selbst Clemens staunt. »Ist das echt schon die fünfte Scheibe?«

Kevin nickt und nimmt sich die nächste. »Schmeckt gut«, erklärt er mit vollen Backen. »So ein bisschen nach Weihnachten.« Dann erzählt er, seine Mutter schlafe noch, aber heute Abend komme das Christkind und er kriege bestimmt etwas Tolles geschenkt.

»Und in den Gottesdienst kommst du auch«, erinnert Pia ihn.

»Na klar. Sonst stünde Maria ja alleinerziehend da. Das ist ziemlich uncool, weißt du?«

Kevin gießt sich noch eine weitere Tasse Kakao ein und beißt in die nächste Scheibe Stollen. »Wie sieht es aus? Gehen wir wieder Schlitten fahren? Wie immer?«

Pia muss lachen. »Wie immer« kann das ja nun nicht sein. Erst letztes Jahr sind sie hierhingezogen, und da hatte Papa die Idee, Schlitten fahren zu gehen am Heiligen Abend. Weil so schön Schnee lag. Und in diesem Jahr ist es schon »wie immer«?

»Wir fragen Papa«, sagt Clemens vernünftig.

Tatsächlich findet Papa, dass das eine ausgezeichnete Idee ist. Alle ziehen sich dicke Schneehosen an und selbst der kleine Ben wird ganz dick eingepackt und darf mitkommen.

»Meinst du, der kann schon Schlitten fahren?«, fragt Kevin kritisch.

Papa lacht. »Ich nehme ihn auf den Schoß.«

Zu siebt ziehen sie los. Sie gehen extra noch bei Kevin und Stina zu Hause vorbei, um deren großen Holzschlitten zu holen. Zusammen mit dem Rothmann-Schlitten und den Poporutschern sind sie dann wirklich gut ausgerüstet.

Papa lässt Ben ein paar Meter laufen, dann nimmt er ihn auf den Arm. »Sonst kommen wir ja heute überhaupt nicht mehr an.«

Auf der Schlittenwiese ist heute nicht viel los. Kevin und Pia teilen sich einen der großen Schlitten, Papa nimmt mit Ben den anderen; die übrigen Kinder benutzen Poporutscher. Besonders Stina ist ganz begeistert davon. »So schnell bin ich noch nie gefahren!«, ruft sie und dann saust sie schon wieder mit lautem Jauchzen den Hang hinunter.

Papa nimmt Clemens und Pia auf die Seite. »Wollt ihr Stina einen der Poporutscher schenken?«, schlägt er vor.

Die Kinder sehen sich an. »Wieso nicht?«, sagt Clemens. »Die Kleine ist ja so begeistert davon.«

Und tatsächlich jubelt Stina begeistert, als sie hört, dass der knallgrüne Poporutscher jetzt ihr gehört. »Das ist ein Weihnachtsgeschenk!«, ruft sie. »Danke für das Weihnachtsgeschenk!«

Clemens wundert sich. So teuer sind die Plastikdinger eigentlich nicht, wenn er sich richtig erinnert …

»Los, noch einmal alle hinunter!«, ruft Papa. »Dann geht

es nach Hause! Mama hat gerade mit dem Handy angerufen: In einer Viertelstunde gibt es Mittagessen!«

Mit einem Blick auf Kevin und Stina sagt er: »Und ihr geht besser auch nach Hause. Eure Mutter denkt sonst noch, ihr seid vollständig verloren gegangen.«

Kevin nickt und lacht.

Nach dem Mittagessen muss Ben erst einmal Mittagsschlaf machen und auch Desirée soll sich hinlegen, darauf bestehen die Eltern.

Desirée findet das schrecklich unfair. Ist sie nicht schon groß? Und jetzt soll sie mittags schlafen wie ein Baby!

Sie turnt ein wenig in ihrem Bett herum, setzt dann die Puppen alle in einer Reihe an den Rand des Bettes und erzählt ihnen eine Weihnachtsgeschichte. Eine Geschichte, in der ein Mädchen ganz unfairerweise mittags schlafen muss und dann Besuch von einem kleinen Weihnachtsengel bekommt.

Zwischendurch fällt ihr ein, dass ja Mama ins Zimmer gucken könnte, darum legt sich Desirée beim Erzählen lieber hin. Jetzt an Heiligabend will sie nicht ausgeschimpft werden; das fehlte ihr noch.

Pia ist mit Onkel Theo bei den Tieren. Sie füttert Bimbo und Susi mit Möhren. Das lassen die beiden sich gerne gefallen. Bimbo ist zum Glück ein ziemlich zutrauliches Pferd und der frechen Susi hat er sich wohl schon untergeordnet.

»Magst du aufsitzen?«, fragt Onkel Theo. »Dann führe ich dich ein bisschen auf der Weide herum.«

Pia holt sofort das Putzzeug. Nachdem Bimbo gestriegelt und geputzt worden ist, legen sie zu zweit den Sattel auf. Nachdem er dann auch noch getrenst ist, sitzt Pia auf. Onkel Theo führt sie um die Wiese herum. Lammfromm läuft Bimbo mit.

Dann gibt Onkel Theo Pia die Zügel in die Hand. »Aber lass ihn nur im Schritt gehen«, sagt er. »Bei dem Schnee könnte er sonst leicht ausrutschen.«

Pia ist begeistert. Ganz brav dreht Bimbo zwei Runden. Dann bleibt er stehen.

Pia lacht. »Ich glaube, er hat genug für heute.«

Sie lässt sich vom Pferd gleiten und klopft Bimbo den Hals. »Du bist das beste Weihnachtsgeschenk, das ich je bekommen habe.«

»Das ist das beste Weihnachtsgeschenk, das ich jemals bekommen habe«, versichert genau in dem Moment Clemens seiner Mutter. In der Hand hält er ganz vorsichtig die neue Flöte.

Mama lacht. »Der Flötenunterricht gehört ja sozusagen auch dazu. Und die Verpflichtung, regelmäßig und gut zu üben.«

Clemens nickt. »Ich mache das gern.« Er denkt nach und verbessert sich. »Natürlich übe ich nicht jeden Tag gleich gerne. Aber insgesamt doch. Und dann ist es auch in Ordnung, wenn man sich mal durchbeißen muss.« Vorsichtig bläst er die Flöte an. Einen warmen, schönen Ton gibt sie.

Mama lächelt. »Das hört sich gut an.«

Wie immer geht die gesamte Familie in den Weihnachtsgottesdienst. Pia spielt mit Kevin Maria und Josef, diesmal schon ganz routiniert. Clemens begleitet den Gesang der Hirten auf der Flöte – dazu hat er sich doch noch bereit erklärt. Mitten beim Auftritt der Engel macht sich Ben los von Tante Wilhelmas Schoß und tappt nach vorne. Er läuft auf Desirée zu, die da in ihrem Engelskleidchen steht und singt, und umarmt sie.

Die Gottesdienstbesucher lachen. Aber das Krippenspiel geht weiter. Als Clemens mit dem Flöten fertig ist, nimmt er seinen kleinen Bruder auf den Arm und bringt ihn zurück.

Das findet Ben anscheinend nicht lustig. Er schreit, bis er wieder nach vorne darf. Und so haben die Engel diesmal einen kleinen Engel in Latzhose und Teddyshirt dabei, als sie schließlich an der Krippe Aufstellung nehmen.

Er stellt sich vor die Krippe, raschelt ein wenig im darin enthaltenen Stroh und will dann die goldpapierummantelte Shampooflasche in den Mund nehmen, die einer der Könige vor der Krippe abstellt.

Da nimmt Josef den Latzhosenengel kurzerhand auf den Arm und schaukelt ihn auf und ab. Was der Kleine sehr schön findet, denn er lacht begeistert.

Und so wird an diesem Heiligabend das »Stille Nacht, Heilige Nacht« nicht nur vom Engelchor gesungen, sondern auch noch von Ben begleitet.

Später sitzt die ganze Familie zusammen um den Tannenbaum und die Krippe herum. Onkel Theo liest die Weihnachtsgeschichte vor, Tante Wilhelma stimmt »Stille Nacht« an.

Mama nimmt die Spielkrippe und stellt sie auf den Tisch. »Jetzt spielen wir die Weihnachtsgeschichte nach«, schlägt sie vor.

Ben greift nach der Engelfigur.

»Ben ist ganz begeistert von Engeln«, lacht Desirée. »Er wollte vorhin schon unbedingt einen spielen.«

Sie selber greift nach dem Herold. »Ich mache die Ansage: ›Hey, ihr Leute, auf geht es! Alle laufen in ihre Heimatstadt, sonst gibt es Ärger mit dem Kaiser! Zack, zack!‹«

»Nicht so unhöflich!«, sagt Onkel Theo. Er hat den Josef in der Hand. »Hören Sie mal: Muss da wirklich jeder hin?«

»Na klar!«, erklärt Desirée. »Absolut jeder. Und unhöflich

darf ich sein, so viel ich will. Wem die Sache nicht passt, der wird verhaftet.«

»Tsss«, macht Clemens. Er hat eine Hirtenfigur in der Hand, obwohl die jetzt eigentlich noch gar nicht auftritt. »Du sollst für andere Menschen ein Licht sein. Hast du das nicht im Kindergottesdienst gelernt?«

»Doch«, sagt Desirée. »Aber das ist schon lange her. Jetzt bin ich erwachsen.«

Pia lacht. Die kleine Schwester kann zu komisch sein!

»Ja«, wendet sich Josef an Maria. »Dann müssen wir wohl gehen.«

Tante Wilhelma nimmt die Maria-Figur und stellt sie neben Josef.

»Hast du alles gepackt?«, fragt Josef.

Die Kinder müssen lachen. Tante Wilhelma packt immer für Onkel Theo mit.

»Ja, ja«, sagt Maria. »Ich habe auch deine graue Strickjacke eingepackt.«

Da lachen die Kinder noch mehr.

Aber Maria und Josef machen sich auf den Weg nach Bethlehem. Einmal um den ganzen Tisch lassen Onkel Theo und Tante Wilhelma die Figuren wandern.

Ben wird ungeduldig und darum lässt er seinen Engel mitwandern.

»Der Engel gehört da nicht hin«, bemerkt Desirée weise. »Den Engel brauchen wir erst bei den Hirten.«

»Vielleicht war der Engel dabei und hat Maria und Josef beschützt, damit sie heil nach Bethlehem kommen«, überlegt Clemens.

Ben lässt den Engel lautstark hinter Maria und Josef herhopsen. Die größeren Kinder amüsieren sich.

»Gott hat Maria und Josef beschützt«, sagt Mama nachdenklich. »Er hat auch uns beschützt im letzten Jahr. Ich wünsche uns allen ein gesegnetes Weihnachtsfest.«

Und es wird noch ein langer und gemütlicher Heiliger Abend im Hause Rothmann.